Thomas Oberle · Mietrecht heute

Mietrecht heute

Thomas Oberle

Mietrecht heute

Impressum

ISBN: 3-909363-08-3

Verlag: Hauseigentümerverband Schweiz
Copyright: Hauseigentümerverband Schweiz
Druck: Appenzeller Druckerei, Herisau
5. Auflage, Mai 2013

Vorwort des Herausgebers

Es hat sich seit Inkrafttreten des geltenden Mietrechtes am 1. Juli 1990 gezeigt, dass die Bestimmungen des „neuen" Mietrechtes äusserst komplex sind. Nur der mit diesen Bestimmungen vertraute Vermieter ist in der Lage, die zahlreichen Klippen des Mietrechtes zu meistern. Dies hat in der Praxis dazu geführt, dass selbst professionelle Vermieter mit der Anwendung des neuen Rechtes Mühe bekunden.

Der Autor, lic. iur. Thomas Oberle, ausgewiesener Mietrechtspezialist und langjähriger Jurist beim Hauseigentümerverband Schweiz, gibt in seinem Buch eine Übersicht über das geltende Recht. Es soll in erster Linie den mit dem Mietrecht weniger vertrauten Vermietern von Wohn- und Geschäftsräumen eine Einführung in das geltende Recht – mit Ausnahme der Mietzinsgestaltung – sowie Hinweise und Empfehlungen zu dessen Anwendung im Vermietungsalltag geben.

Die 1. Auflage dieses Buches erschien im April 2002. Für die nun vorliegende 5. Auflage (Mai 2013) wurde der Inhalt überarbeitet und erweitert.

Zürich, im Mai 2013   Hauseigentümerverband Schweiz

1.	Einleitung	8
2.	Gesetzessystematik, zwingendes Recht	9
3.	Geltungsbereich	10
	3.1 Begriffe	10
	3.1.1. Wohnräume	10
	3.1.2 Geschäftsräume	11
	3.1.3 Gemischter Gebrauch	11
	3.1.4 Unbewegliche Sachen	12
	3.1.5. Platzmiete	12
	3.1.6. Möblierte Zimmer	13
	3.1.7 Gesondert vermietete Einstellplätze und ähnliche Einrichtungen	14
	3.2 Mitvermietete Sachen	14
	3.2.1 Einheitlicher Mietvertrag nicht vorausgesetzt	14
	3.2.2 Entzug mitvermieteter Sachen	16
	3.3 Ferienwohnungen	17
	3.4 Bestimmungen über den Schutz vor missbräuchlichen Mietzinsen	17
	3.5 Bestimmungen über die Anfechtung missbräuchlicher Mietzinse	18
4.	Abschluss des Mietvertrages	19
	4.1 Mietersuche und Datenschutz	19
	4.2 Die vorvertraglichen Verhandlungen	22
	4.3 Koppelungsgeschäfte	23
	4.4 Die Form des Mietvertrages	24
	4.5 Besucherparkplätze	25
	4.6 Hausordnung	26
	4.7 Waschordnung	27
	4.8 Hauswart	27
	4.9 Schneeräumung	28
	4.10 Kinderlärm; Spielplatz	30
	4.10.1 Kinderlärm in Mietwohnungen	30
	4.10.2 Spiellärm im Besonderen	31

4.11	Haustierhaltung	31
4.12	Musikinstrumente; TV-, CD- und Radiogeräte	32
4.13	Satelliten-TV-Empfang des Einzelmieters	33
4.14	Balkonnutzung	34
4.14.1	Balkonbepflanzung	35
4.14.2	Grillieren auf dem Balkon	36
4.14.3	Wäsche aufhängen	37
4.15	Treppenhaus, Eingangsbereich	37
4.16	Rauchen in Mietwohnungen	38
4.17	Lüften und Heizen	39
4.17.1	Richtiges Lüften	40
4.17.2	Richtiges Heizen	40
4.17.3	Schimmelpilz	41
4.18	Treppenhausreinigung; Gartenpflege	42
4.18.1	Treppenhausreinigung	42
4.18.2	Gartenpflege	43
4.18.3	Mieterpflichten	43
4.19	Mietvertrag auf Probe?	44
4.20	Rücktritt vom Vertrag?	44
4.21	Formular zur Mitteilung des Anfangsmietzinses	45
4.22	Das Zustandekommen des Mietvertrages	45
4.23	Mietzins und Nebenkosten	46
4.23.1	Mietzins	46
4.23.2	Nebenkosten	47
	4.23.2.1 Definition	47
	4.23.2.2 Ausscheidung im Mietvertrag	48
	4.23.2.3 Zahlungsart	49
	4.23.2.4 Verteilung der Nebenkosten	51
	4.23.2.5 Heiz- und Warmwasserkosten	51
4.23.3	Die Verrechnung gegenseitiger Forderungen	55
4.24	Die Vertragsparteien	55
4.24.1	Mehrere Mieter (Konkubinat/Wohngemeinschaften)	55

- 4.24.2 Ehegatten als Mieter 56
- 4.24.3 Mehrere Vermieter 56
- 4.24.4 Natürliche und juristische Personen 56
- 4.25 Die Dauer des Mietvertrages 57
- 4.25.1 Bestimmte (feste) Vertragsdauer 57
- 4.25.2 Unbestimmte Vertragsdauer (ohne Mindestdauer) 57
- 4.25.3 Unbestimmte Vertragsdauer mit Mindestdauer 58
- 4.25.4 Vertragsdauer und Optionsrecht 58
- 4.25.5 Vertragsdauer und Mietzinsgestaltung 59
- 4.26 Die Sicherheitsleistung (Kaution) 59
- 4.27 Anfechtung des Anfangsmietzinses 62

5. Pflichten des Vermieters 63
- 5.1 Übergabe- und Instandhaltungspflicht 63
- 5.1.1 Mangel an der Mietsache 65
- 5.1.2 „Kleiner" Unterhalt 66
- 5.1.3 Vom Mieter verursachte Mängel 67
- 5.1.4 Einbruchsschäden 68
- 5.1.5 Ausführung von Unterhaltsarbeiten durch den Vermieter 69
- 5.2 Rechte des Mieters bei Mängeln am Mietobjekt 69
- 5.2.1 Mangelnde Gebrauchstauglichkeit bei Übergabe des Mietobjektes 69
- 5.2.2 Mangelnde Gebrauchstauglichkeit nach Übergabe des Mietobjektes 70
  - 5.2.2.1 Die Herabsetzung des Mietzinses 71
  - 5.2.2.2 Schadenersatz 72
  - 5.2.2.3 Die Hinterlegung des Mietzinses 73
  - 5.2.2.4 Übernahme eines Rechtsstreites 74

6. Erneuerungen und Änderungen des Mietobjektes 74
- 6.1 Erneuerungen und Änderungen durch den Vermieter 74
- 6.1.1 Zumutbarkeit der Arbeiten 75
- 6.1.2 Ungekündigtes Mietverhältnis 75
- 6.1.3 Einseitige Vertragsänderung durch den Vermieter 76
- 6.2 Erneuerungen und Änderungen durch den Mieter 77

7.	**Pflichten des Mieters**	**78**
7.1	Zahlung des Mietzinses und der Nebenkosten	78
7.1.1	Betreibung	79
7.1.2	Das Retentionsrecht des Vermieters	81
7.1.3	Vorzeitige Kündigung bei Zahlungsverzug des Mieters	82
7.2	Sorgfalts- und Rücksichtnahmepflicht des Mieters	82
7.2.1	Sorgfältiger und vertragsgemässer Gebrauch	82
7.2.2	Pflicht zur Rücksichtnahme	83
7.2.3	Folgen einer Vertragsverletzung durch den Mieter	84
8.	**Untervermietung des Mietverhältnisses**	**85**
8.1	Verweigerung der Zustimmung durch den Vermieter	85
8.1.1	Weigerung, Bedingungen bekannt geben	86
8.1.2	Missbräuchliche Bedingungen	86
8.1.3	Wesentliche Nachteile	87
8.2	Verhältnis Hauptvermieter/Hauptmieter	87
8.3.	Verhältnis Hauptvermieter/Untermieter	88
9.	**Die Übertragung des Mietverhältnisses**	**88**
9.1	Die Übertragung des Geschäftsmietverhältnisses	88
9.2	Die Übertragung eines anderen Mietverhältnisses	89
9.3	Die Übertragung der Familienwohnung	89
10.	**Beendigung des Mietverhältnisses**	**90**
10.1	Beendigung durch Vereinbarung	90
10.2	Teilkündigung; Abänderungsvereinbarung	90
10.3	Beendigung durch Zeitablauf	92
10.4	Beendigung durch Kündigung	93
10.5	Kündigungsfristen und -termine	93
10.5.1	Die Kündigungsfristen	94
10.5.2	Die Kündigungstermine	94
10.6	Form der Kündigung	94
10.6.1	Vom Kanton genehmigtes Kündigungsformular	94
10.6.2	Kündigung einer Familienwohnung durch den Vermieter	95
10.6.3	Kündigung einer Familienwohnung durch den Mieter	96

10.6.4 Begründung ist nicht Gültigkeitsvoraussetzung 96
10.6.5 Wiederholung der Kündigung 97
11. Ausserordentliche Beendigungstatbestände 97
11.1. Zahlungsverzug des Mieters 97
11.2 Verletzung der Sorgfalts- und Rücksichtnahmepflicht durch den Mieter 101
11.3 Eigentümerwechsel 103
11.4 Kündigung aus wichtigem Grund 104
11.5 Konkurs des Mieters 105
11.6 Tod des Mieters 106
11.7 Kündigung des Mieters wegen Mängeln an der Mietsache . 108
12. Vorzeitige Rückgabe des Mietobjektes durch den Mieter 108
12.1 Vorzeitige Rückgabe 109
12.2 Vorschlag eines zahlungsfähigen und zumutbaren Ersatzmieters 111
12.2.1 Zahlungsfähigkeit des Ersatzmieters 111
12.2.2 Zumutbarkeit 113
12.3 Übernahme des Mietverhältnisses zu den gleichen Bedingungen 115
12.4 Kein Zwang zu Vertragsabschluss 117
12.5 Prüfung des Ersatzmieters 118
12.6 Schadenminderungspflicht des Vermieters 120
13. Kündigungsschutz bei der Miete von Wohn- und Geschäftsräumen 121
13.1. Nichtigkeit der Kündigung 121
13.1.1 Formnichtigkeit 121
13.1.2 Andere nichtige Kündigungen 122
13.1.3 Unwirksame Kündigungen 122
13.2 Anfechtung der Kündigung 122
13.2.1 Rechtsmissbräuchliche Kündigungen 122
13.2.2 Einschränkung des Kündigungsschutzes 127
13.2.3 Kein Verzicht auf Kündigungsschutz 128
13.3 Erstreckung des Mietverhältnisses 128

	13.3.1 Bei Härtefall für den Mieter und/oder dessen Familie	128
	13.3.2 Dauer der Erstreckung	130
	13.3.3 Erstreckungsvereinbarung	132
	13.3.4 Wirkung der Erstreckung	132
	13.3.5 Verfahren	133
	13.3.6 Ausschluss der Erstreckung	133
14.	**Besichtigungsrecht des Vermieters**	**135**
15.	**Die Rückgabe des Mietobjektes**	**136**
	15.1 Zeitpunkt und Ort der Rückgabe	136
	15.2 Rechtzeitige und vollständige Rückgabe	137
	15.3 Amtliche Wohnungsabnahme	137
	15.4 Schlüsselrückgabe	138
	15.5 Durchsetzung des Rückgabeanspruchs	138
	15.6 Zustand des Mietobjekts bei der Rückgabe	138
	15.7 Haftung des Mieters bei Rückgabe einer mangelhaften Sache	140
	15.8 Entschädigungsvereinbarungen	142
	15.9 Amtliches Protokoll als objektive Bestandesaufnahme	143
	15.10 Prüfung der Mietsache; Mängelrüge	144
	15.11 Vorzeitige Rückgabe der Mietsache	145
	15.12 Mieterhaftpflichtversicherung	147
16.	**Das Schlichtungsverfahren**	**147**
17.	**Das Ausweisungsverfahren**	**150**
	Literatur zum Mietrecht	152

1. Einleitung

Das geltende Mietrecht ist am 1. Juli 1990 in Kraft getreten. Die Bestimmungen des Mietrechtes finden sich im 8. Titel des Schweizerischen Obligationenrechtes (OR) in den *Artikeln 253 bis 273c*. Sie werden durch die vom Bundesrat erlassene und ebenfalls am 1. Juli 1990 in Kraft getretene Verordnung über die Miete und Pacht von Wohn- und Geschäftsräumen (VMWG) konkretisiert. Die sogenannten *Mieterschutzbestimmungen*, welche vormals im Bundesbeschluss gegen Missbräuche im Mietwesen (BMM) enthalten waren, sind mit der Mietrechtsrevision in das Obligationenrecht integriert worden. Die Strafbestimmungen des BMM sind seit der Revision neu im Schweizerischen Strafgesetzbuch (Art. 325bis–326bis StGB) zu finden. Am 26. Juni 1996 beschloss der Bundesrat eine Teilrevision der Mietrechtsverordnung, die per 1. August 1996 in Kraft gesetzt wurde. Anlässlich dieser Teilrevision wurde unter anderem neu eine Regelung betreffend Energiebezug von einer ausgelagerten Anlage (Art. 6a VMWG) in die Verordnung eingefügt. Eine weitere Teilrevision beschloss der Bundesrat am 28. November 2008. Für Mietzinsanpassungen in einem laufenden Mietverhältnis wird neu auf einen für die ganze Schweiz geltenden hypothekarischen Referenzzinssatz abgestellt, welcher sich auf die durchschnittliche Verzinsung der inländischen Hypothekarzinsforderungen der Banken in der Schweiz stützt. Ferner wurden energetische Sanierungen wertvermehrenden Investitionen gleichgestellt, die den Vermieter zu einer Mietzinserhöhung berechtigen. Diese Teilrevision trat am 1. Januar 2008 in Kraft.

Die Regelungen betreffend Anfechtung missbräuchlicher Mietzinse von Wohn- und Geschäftsräumen und anderer missbräuchlicher Forderungen des Vermieters sowie der Kündigungsschutz bei Wohn- und Geschäftsräumen (Anfechtung der Kündigung; Erstreckung des Mietverhältnisses) stellten die zentralen Punkte der Mietrechtsrevision dar.

Mit der Mietrechtsrevision hat der Gesetzgeber dem Mieter gegenüber dem Vermieter eine wesentlich stärkere Stellung eingeräumt. In wesentlichen Bereichen wurde die Stellung des Vermieters verschlechtert, ohne dass seine Rechte in anderen Bereichen entsprechend ausgeweitet worden wären.

Es hat sich seither gezeigt, dass die Bestimmungen des neuen Mietrechtes äusserst komplex sind. Nur der mit diesen Bestimmungen vertraute Vermieter ist in der Lage, die zahlreichen Klippen des neuen Rechtes zu meistern. Dies hat in der Praxis dazu geführt, dass selbst professionelle Vermieter mit der Anwendung des neuen Rechtes Mühe bekunden. Das neue Recht erweist sich denn auch mehr und mehr als Hemmnis für die Wohnbautätigkeit, schrecken doch die Investoren infolge der unsicheren Rendite und der zahlreichen einengenden Vorschriften vor finanziellen Engagements zurück.

2. Gesetzessystematik, zwingendes Recht

Das Gesetz gliedert sich systematisch in drei Abschnitte: die allgemeinen Bestimmungen (Art. 253–268 OR), die Bestimmungen betreffend den Schutz vor missbräuchlichen Mietzinsen und weiteren missbräuchlichen Forderungen des Vermieters bei der Wohn- und Geschäftsraummiete (Art. 269–270e OR) sowie die Bestimmungen betreffend den Kündigungsschutz bei der Wohn- und Geschäftsraummiete (Art. 271–273c). Die ursprünglich ebenfalls im Obligationenrecht enthaltenen Verfahrensvorschriften (Art. 274–274g OR) wurden in die Eidgenössische Zivilprozessordnung überführt (vgl. Art. 197–212 ZPO), welche seit dem 1. Januar 2011 in Kraft ist. Das Mietrecht regelt nebst der Immobiliarmiete auch die Miete von beweglichen Sachen, wobei die Miete von Wohn- und Geschäftsräumen im Vordergrund der gesetzlichen Regelungen steht.

Die Frage, ob eine Gesetzesbestimmung dispositiver oder zwingender Natur ist, kann sich nur bei denjenigen Bestimmungen stellen, die sich direkt an die Parteien richten, zumal Normen, die sich an Behörden oder an Dritte (z.B. Bank) richten, das Verfahren regeln bzw. Formvorschriften oder gesetzliche Definitionen enthalten, der Verfügungsfreiheit der Parteien aus grundsätzlichen Erwägungen stets entzogen sind. Die überwiegende Anzahl der Bestimmungen des Mietrechts sind *zwingender* bzw. *relativ zwingender* Natur und sind somit der freien Vertragsgestaltung ebenfalls weitgehend entzogen. Das Mietrecht enthält nur wenige Bestimmungen, von denen die Parteien bei der Vertragsgestaltung frei abweichen dürfen (sog. dispositive Bestimmungen). Als Bestimmungen *dispositiver Natur* sind die Art. 257c OR (Zahlungstermin) und Art. 266a Abs. 1 OR (Kündigungstermin) ausgestaltet. Ebenso dispositiver Natur ist gemäss bundesgerichtlicher Rechtsprechung (vgl. BGE 124 III 149 E. 4 und 5, BGE 126 III 505 E. 4. cc.) Art. 260a Abs. 3 OR (Entschädigungsanspruch des Mieters bei durch den Vermieter bewilligten Änderungen/Erneuerungen der Mietsache).

3. Geltungsbereich

Der Geltungsbereich des Mietrechtes wird in den Artikeln 253a f. OR und 1 f. VMWG umschrieben. Bestimmte Artikel betreffen sowohl die Immobiliar- als auch die Mobiliarmiete, bestimmte Artikel beziehen sich ausschliesslich auf die Immobiliarmiete. Die Bestimmungen zum Schutz vor missbräuchlichen Mietzinsen gelten beispielsweise nur für die Miete von Wohn- und Geschäftsräumen, nicht aber für die Miete eines Fahrzeugs oder eines nicht im Zusammenhang mit einem Wohn- oder Geschäftsraum gemieteten Autoabstellplatzes. Im Zentrum der folgenden Ausführungen steht die Miete von Wohn- und Geschäftsräumen.

3.1 Begriffe

3.1.1. Wohnräume

Unter Wohnräume sind abgeschlossene, auf Dauer angelegte Räume, die zu Wohnzwecken gemietet werden, zu verstehen, wobei es weder auf die Grösse des Raumes oder der Räume noch auf deren Innenausstattung ankommt. Ebenfalls ohne Belang ist das Vorliegen mehrerer Räume, fallen doch auch Einzelräume ohne weiteres unter die Definition von Art. 253a Abs. 1 OR. Es spielt zudem keine Rolle, ob diese Räume dem Mieter vom Vermieter unmöbliert, möbliert oder teilweise möbliert zum Gebrauch überlassen werden. Vorausgesetzt ist zudem weder eine bestimmte Grösse noch das Eindringen von Tageslicht. Es liegt grundsätzlich im Ermessen der Parteien, was für Räume sie im Mietvertrag als Wohnraum bezeichnen. Massgebend sind diesbezüglich in erster Linie individuelle Kriterien. Entscheidend ist somit, ob die Parteien beim Vertragsabschluss das „Wohnen" als Nutzung vereinbart haben. Die Miete eines Zeltes oder eines Wohnwagens sowie die Miete von Lagerplätzen erfüllen dagegen die Voraussetzungen der Raumqualität nie, also auch dann nicht, wenn sie zu Wohnzwecken gemietet werden.

3.1.2 Geschäftsräume

Unter Geschäftsräumen sind abgeschlossene, auf Dauer angelegte Räume zu verstehen, die dem Betrieb eines Gewerbes oder der Ausübung einer beruflichen Tätigkeit dienen (Büros, Verkaufsräume, Werkstätten, Magazine und Lagerräume). Auch Geschäftsräume können sich auf mehrere Raumeinheiten erstrecken bzw. auf einen einzigen beschränken. Im Gegensatz zu den Wohnräumen ist bei der Vermietung von Geschäftsräumen die sog. Rohbaumiete häufig anzutreffen. Wie bei den Wohnräumen ist auch bei den Geschäftsräumen die von den Parteien vertraglich vereinbarte Nutzung massgebend. Geschäftsraum ist somit nur der Raum/die Räume, in denen einer Erwerbstätigkeit nachgegangen wird oder dieser Tätigkeit dienlich ist/sind. Massgebend ist die Erwerbsorientierung der ausgeübten Tätigkeiten, gewinnbringend müssen sie allerdings nicht sein. Ebenso unerheblich ist, ob es sich um haupt- oder nebenberufliche Tätigkeiten des Mieters handelt.

Betreibt ein Mieter – z.B. ein Verein – einen ideellen Zweck, so handelt es sich bei den von ihm gemieteten Räumlichkeiten nur dann um Geschäftsräume, wenn er in diesen einen nach kaufmännischen Grundsätzen geführten Betrieb betreibt (z.B. Verbandssekretariat). Versammlungslokalitäten (z.B. Vereinslokale) und Clubhäuser (ohne Restaurationsbetrieb) sind dagegen keine Geschäftsräume. Derartige Mietobjekte fallen unter die Bestimmung von Art. 266b OR. Werden allerdings in derartigen Versammlungslokalitäten regelmässig geschäftliche Tätigkeiten (z.B. kostenpflichtige Kurse) durchgeführt, so ist dann von Geschäftsräumen auszugehen, wenn diese Tätigkeiten dem Mieter gemäss Mietvertrag gestattet sind. Räumlichkeiten, die dem Mieter ausschliesslich zur Pflege eines Hobbys oder anderer Freizeitgestaltung dienen, sind ebenfalls keine Geschäftsräume (z.B. Weinkeller, Bastelraum, Übungslokal für das Spielen von Musikinstrumenten, Pferdestall, Bootshaus etc.).

3.1.3 Gemischter Gebrauch

Von einem gemischten Gebrauch einer Mietsache wird ausgegangen, wenn die Parteien vereinbart haben, dass der Mieter die Sache sowohl zu Wohn- als auch zu Geschäftszwecken gebrauchen kann. Auch der gemischte Gebrauch muss also zwingend auf einer vertraglichen Vereinbarung der Parteien beruhen. Damit von einem gemischten Gebrauch ausgegangen werden kann, muss zudem dem Geschäftsbetrieb in einer Wohnung eine gewisse Bedeutung zukommen.

> **Beispiele:** Haus/Wohnung wird von einem Arzt, Rechtsanwalt, Architekten, Künstler etc. sowohl zu Wohnzwecken als auch zur Ausübung seiner beruflichen Tätigkeit gemietet.
>
> *Kein gemischter Gebrauch liegt dagegen vor, wenn ein Hobbymusiker ein Wohnzimmer zu Übungszwecken verwendet; ebenso wenig wenn ein Anwalt, Architekt, Lehrer etc. ein Zimmer in der Mietwohnung als Privatbüro einrichtet.*

Dem gemischten Gebrauch kommt im Rechtsalltag eine besondere Bedeutung zu, weil das Gesetz teilweise für Wohnräume und Geschäftsräume unterschiedliche Regelungen vorsieht (so bei den Kündigungsfristen, bei der Höhe der Sicherheitsleistung, bei der Erstreckungsdauer). Der überwiegende Gebrauchszweck der Mietsache entscheidet darüber, welche dieser Bestimmungen zur Anwendung gelangen. *Die Frage, welcher Nutzungsweise (Wohnen oder Geschäft) die überwiegende Bedeutung zukommt, muss aufgrund der vertraglichen Vereinbarungen, aufgrund des räumlichen Verhältnisses der Nutzungsweisen zu einander sowie aufgrund der allfällig vorhandenen für die Geschäftstätigkeit notwendigen Einrichtungen entschieden werden.*

3.1.4   Unbewegliche Sachen

Unbewegliche Sachen im Sinne des Art. 266b OR sind Sachen (Immobilien), bei denen es sich weder um Wohn- oder Geschäftsräumlichkeiten im Sinne der Art. 266c und 266d OR noch um möblierte Einzelzimmer, gesondert vermietete Einstellplätze oder ähnliche Einrichtungen im Sinne von Art. 266e OR handelt.

> **Beispiele:** Gärten, Spielplätze, Campingplätze, Keller, Lagerräumlichkeiten, Scheunen, Bastelräume, Verkaufsplätze, Versammlungslokalitäten.

3.1.5.   Platzmiete

Bei der in zeitlicher Hinsicht unbefristeten Miete eines Platzes handelt es sich grundsätzlich um eine unbewegliche Sache im Sinne von Art. 266b OR. Es gelangen somit die Kündigungstermine und Kündigungsfristen von Art. 266b OR zur Anwendung. Ausgenommen sind Einstellplätze und ähnliche Einrichtungen, die in Art. 266e OR geregelt sind. Die Frage, ob es sich um eine Platzmiete im Sinne von Art. 266b OR oder um eine

solche im Sinne von Art. 266e OR handelt, kann in der Praxis zu Problemen führen. Bei der Platzmiete unbeweglicher Sachen, die dem Geschäftsbetrieb des Mieters dienen, handelt es sich nicht um die Miete eines Geschäftsraumes im Sinne von Art. 266d OR, da die Geschäftsraummiete zwingend die Miete eines Raumes voraussetzt.

3.1.6. Möblierte Zimmer

Das Gesetz sieht für möblierte Zimmer eine gegenüber der für Wohnungen verkürzte Kündigungsfrist vor, weil davon ausgegangen werden kann, dass bei möblierten Zimmern häufige Mieterwechsel vorkommen und zudem ein Umzug für den Mieter mit weniger Umtrieben als sonst üblich verbunden ist, da er nur seine Utensilien (ohne Mobiliar) zügeln muss. Zu beachten ist, dass nur möblierte Zimmer unter diese Norm fallen. Bei der Vermietung von unmöblierten Zimmern (für Wohnzwecke) und möblierten Wohnungen gelten die gleichen Kündigungsfristen wie bei der Vermietung von unmöblierten Wohnungen (Art. 266c OR). *Dies gilt selbstverständlich auch für möblierte Einzimmer-Wohnungen.*

Art. 266e OR kommt nur dann zur Anwendung, wenn ein einzelnes möbliertes Zimmer, bei welchem es sich um einen abschliessbaren Raum handeln muss, vermietet wird. Bei der Vermietung von nicht abgeschlossenen Einzelräumen ist dagegen von einer Platzmiete auszugehen (vgl. 3.1.5.). Die Anwendung von Art. 266e OR setzt voraus, dass ein möbliertes Zimmer gesondert vermietet wurde, d.h. es darf sich dabei nicht etwa um eine mitvermietete Sache handeln.

Von einem möblierten Zimmer kann nur gesprochen werden, wenn dieses über die für den vereinbarten Verwendungszweck notwendige Grundausstattung verfügt. Sinn der verkürzten Kündigungsfrist ist ja gerade, dass davon ausgegangen wird, der Mieter könne das möblierte Zimmer gemäss vereinbartem Verwendungszweck gebrauchen, ohne selber (notwendige) Einrichtungen mitnehmen zu müssen.

Beispiel: Bett mit Matratze, Kopfkissen und Duvet, Tisch mit Stuhl, Ablagemöglichkeiten wie Kommode oder Nachttisch, Schrank, Beleuchtung, Heizung, Rollläden oder Vorhänge. Ohne entsprechende anderslautende vertragliche Vereinbarung ist es grundsätzlich Sache des Mieters, für die Bettwäsche besorgt zu sein. Das möblierte Wohnzimmer verfügt in der Regel – im Gegensatz zu einer Einzimmer-Wohnung – weder über fest verankerte Kocheinrichtungen noch über ein eigenes

> Badezimmer. Der Mieter hat hier in der Regel nur die Möglichkeit der Mitbenutzung solcher Einrichtungen.

3.1.7 Gesondert vermietete Einstellplätze und ähnliche Einrichtungen

Auch bei der Miete von gesondert vermieteten Einstellplätzen und ähnlichen Einrichtungen kann davon ausgegangen werden, dass eine Räumung für den Mieter mit keinen grossen Umtrieben verbunden ist, weshalb verkürzte Kündigungsfristen gerechtfertigt sind. Wie bei den möblierten Zimmern setzt die Anwendung von Art. 266e OR voraus, dass es sich um gesondert gemietete Einstellplätze und ähnliche Einrichtungen handelt. Mit Wohn- und Geschäftsräumen mitvermietete Einstellplätze und ähnliche Einrichtungen fallen nicht unter Art. 266e OR.

Während in der Regel unter *Einstellplatz* (auch Abstellplatz genannt) ein (nicht abschliessbarer) Platz für das Abstellen von Fahrzeugen (Auto-, Motorrad- und Fahrradabstellplätze) gemeint ist, der sich sowohl in einer Tiefgarage als auch im Freien befinden kann, werden *unter ähnlichen Einrichtungen Garagen, Garderoben, möblierte Bastelräume, eingerichtete Versammlungslokale, Lagerräumlichkeiten und Archive, Keller- und Estrichabteile* verstanden. Es muss sich dabei um Räumlichkeiten handeln, die über eine notwendige Grundausstattung verfügen, oder solche, die vereinbarungsgemäss ausschliesslich zum Einstellen bzw. Abstellen von Fahrzeugen oder Sachen gemietet wurden.

3.2 Mitvermietete Sachen

3.2.1 Einheitlicher Mietvertrag nicht vorausgesetzt

Die Bestimmungen für Wohn- und Geschäftsräume gelten gemäss Art. 253a Abs. 1 OR auch für Sachen, *die der Vermieter zusammen mit diesen vermietet*. Es handelt sich dabei um Nebensachen der Hauptmietsache, die ebenfalls den gesetzlichen Bestimmungen über die Wohn- und Geschäftsmiete unterstehen, wie Hobby- und Bastelräume, Keller, Estriche, Keller- und Estrichabteile, Mansarden, Lager, Büros, Autoeinstell- und Autoabstellplätze, Garagen, Schaukästen und Gärten, Mobiliar, Bürobedarfsgüter etc. Mitvermietete Sachen fallen nur unter die Bestimmung von Art. 253a Abs. 1 OR, wenn zwischen ihnen und der vermieteten Hauptsache (Wohn- und/oder Geschäftsräume) ein *besonderer funktioneller Zusammenhang* besteht. Ein solch besonderer funktioneller Zusammenhang wird stets dann gegeben sein, wenn die mitvermietete Sache dem Gebrauch der Hauptmietsache in objektiver Hinsicht dient, was eine örtliche Nähe der mitvermieteten Sache zur Hauptmietsache voraussetzt. An einem besonderen funktionellen Zusammenhang zwischen Hauptsache und mitvermieteter Sache fehlt es, wenn z.B. ein Geschäftsmieter vom selben Vermieter zusätzlich einen Bastelraum für ausschliesslich private Zwecke (Benutzung durch seine Kinder) mietet. Es spielt dagegen keine Rolle, ob die Vermietung von Haupt- und Nebensachen im selben Mietvertrag oder in zwei separaten Mietverträgen geregelt sind. Wird eine Nebensache allerdings in einem separatem Mietvertrag vermietet, spricht dies dafür, dass ein solcher Mietvertrag von den Parteien später auch unabhängig vom Mietvertrag über die Hauptsache gekündigt werden kann.

Damit Art. 253a Abs. 1 OR überhaupt zur Anwendung gelangt, müssen *die Vertragsparteien* des Hauptmietvertrages mit denjenigen des Vertrages über die mitvermieteten Sachen *identisch* sein. Nicht relevant ist dagegen der zeitliche Aspekt.

Beispiel: Vermieter Huber vermietet Mieter Schlatter am 15. März 2013 per 1. April 2013 eine 4-Zimmer-Wohnung in Winterthur. Im Winter 2013 erkundigt sich Schlatter bei Huber nach einem freien Autoeinstellplatz in der Tiefgarage des Mietobjekts, weil er einen Personenwagen kaufen möchte. Huber teilt Schlatter mit, dass per 1. April 2014 zufälligerweise ein Autoeinstellplatz frei werde. Am 9. Januar 2014 schliessen sie einen entsprechenden Mietvertrag per 1. April 2014 ab. Der Autoeinstellplatz gilt als im Zusammenhang mit der Wohnung gemietete Sache, obwohl er nicht gleichzeitig mit der Wohnung vermietet wurde. Dies bedeutet, dass der Autoabstellplatz nun ebenfalls den Mieterschutzbestimmungen unterliegt. So kann Mieter Schlatter beispielsweise eine inskünftige Kündigung des Autoabstellplatzes durch Huber anfechten und/oder eine Erstreckung des Mietverhältnisses verlangen.

Empfehlung: *Vermietet der Vermieter einem Mieter Wohn- und/oder Geschäftsräume und überlässt er diesem in der Folge weitere Mietobjekte, deren vertraglicher Gebrauchszweck in* **keinem** *sachlichen Zusammenhang zur Hauptmietsache steht, so sollte dies ausdrücklich aus dem Mietvertrag hervorgehen, weil im Zweifelsfall davon auszugehen ist, dass mitvermietete Sachen der Bestimmung von Art. 253a Abs. 1 OR*

> unterstehen. Eine ausdrückliche Vereinbarung erübrigt sich nur, wenn sich aus dem Verwendungszweck der mitvermieteten Sache ohne weiteres ergibt, dass sie in keinem sachlichen Zusammenhang zur Hauptsache steht. Mietet ein Geschäftsmieter jedoch beim gleichen Vermieter zusätzlich Autoabstellplätze, Garagen, Nebenräume zu privaten Zwecken, ergibt sich der private Verwendungszweck nicht bereits aus der Tatsache der Anmietung.

3.2.2 Entzug mitvermieteter Sachen

Für mit einem Wohn- oder Geschäftsraum mitvermietete Sachen gelten die entsprechenden Mindestkündigungsfristen der Art. 266c und Art. 266d OR. Wird die Miete einer mitvermieteten Sache in einem separaten Mietvertrag geregelt, so ist der Abschluss zweier Verträge ein starkes Indiz dafür, dass beide Parteien den Mietvertrag über die Mietsache jederzeit kündigen können, ohne dass das Mietverhältnis über die Hauptmietsache davon betroffen wäre (BGE 125 III 231). Es ist auch möglich, für die Hauptmietsache und Nebensachen unterschiedliche Kündigungsfristen und -termine zu vereinbaren. *Die für die Wohn- und Geschäftsraummiete gesetzlich vorgeschriebenen Mindestkündigungsfristen sind aber auch bei den Nebensachen einzuhalten.* Für die Kündigung von mitvermieteten Sachen muss zwingend das amtlich genehmigte Kündigungsformular verwendet werden. Eine solche Kündigung kann vom Mieter bei der Schlichtungsbehörde als rechtsmissbräuchlich angefochten werden. Zudem kann der Mieter eine Erstreckung des Mietverhältnisses über die Nebensache verlangen.

Sind mit der Hauptmietsache mitvermietete Sachen dagegen Bestandteil eines einheitlichen Mietvertrages, liegen also nicht zwei formell selbständige Verträge vor, so ist eine separate Kündigung der mitvermieteten Sache ausgeschlossen. Dies wäre eine nichtige Teilkündigung. Werden beispielsweise ein Restaurant mit Wirtewohnung und zwei Autoabstellplätze in einem einheitlichen Mietvertrag vermietet, so kann weder die Wirtewohnung noch die Autoabstellplätze separat gekündigt werden. *Die Wirtewohnung bzw. die Autoabstellplätze könnten dem Mieter auch nicht mittels einseitiger Vertragsänderung im Sinne von Art. 269d OR entzogen werden.*

3.3 Ferienwohnungen

Ferienwohnungen fallen grundsätzlich unter die gesetzlichen Bestimmungen der Wohnraummiete. Auch Einfamilienhäuser, die zu Ferienzwecken vermietet werden, gelten als Ferienwohnungen. Der besondere Gebrauchszweck der Ferienwohnungen ist im Vergleich mit der gewöhnlichen Wohnraummiete der Hauptunterschied. Zweck der Ferienwohnungsmiete ist die Verbringung von Urlaub. Ob eine solche Miete vorliegt oder nicht, ist von dem von den Parteien vereinbarten Gebrauch abhängig. Die Lage und Ausstattung der Wohnung sind bezüglich der Frage, ob eine Ferienwohnung vorliegt oder nicht, ohne Belang.

Das Gesetz hat die Ferienwohnungen in zeitlicher Hinsicht in zwei Kategorien unterteilt (Ferienwohnungen *mit nicht mehr als drei Monate* und solche *mit mehr als drei Monate Mietdauer*). Die Bestimmungen über die Miete von Wohnräumen gelten gemäss Art. 253a Abs. 2 OR nicht für Ferienwohnungen, die für höchstens drei Monate gemietet werden. Dies gilt auch für Nebensachen (z.B. Garage, Autoabstellplatz), welche mit der kurzfristigen Miete einer Ferienwohnung mitvermietet werden. Bezüglich der kurzfristigen Ferienwohnungsmiete gelangen die Bestimmungen über die Miete unbeweglicher Sachen im Sinne von Art. 266b OR zur Anwendung. Übersteigt die Mietdauer jedoch drei Monate, sind *die Bestimmungen über die Miete von Wohnräumen auch auf Mietobjekte, die zu Ferienzwecken vermietet werden, anwendbar*. Massgebend für die Bestimmung der für die Anwendung oder Nichtanwendung der gesetzlichen Bestimmungen über die Wohnraummiete ist die von den Parteien vereinbarte Vertragsdauer.

> **Hinweis:** *Vermietet der Vermieter demselben Mieter dieselbe Ferienwohnung mehrmals jährlich und übersteigen diese Zeiträume die Dauer von drei Monaten, so fällt diese Ferienwohnung nicht unter die Vorschriften über die Miete von Wohnräumen.*

3.4 Bestimmungen über den Schutz vor missbräuchlichen Mietzinsen

Diese Bestimmungen gelten sinngemäss auch für nichtlandwirtschaftliche Pacht- und ähnliche Verträge (z.B. Pacht eines Restaurants). Sie gelten dagegen nicht für luxuriöse Wohnungen und Einfamilienhäuser mit sechs oder mehr Wohnräumen.

Luxuriöse Wohnobjekte sind nur dann den Bestimmungen über den Schutz vor missbräuchlichen Mietzinsen entzogen, wenn sie kumulativ sechs und mehr Wohnräume (Küche und Bad zählen nicht als Wohnräume) besitzen und im Gesamteindruck einen luxuriösen Charakter aufweisen. Einzelne Luxusmerkmale sind nicht ausreichend; sie können bloss Indiz für den Luxuscharakter sein. Es gilt in diesem Zusammenhang zu beachten, dass der Luxusbegriff im Laufe der Zeit einem steten Wandel unterworfen ist. Dies ist bei der Beurteilung des Luxuscharakters einer Wohnung stets zu berücksichtigen. So gelten beispielsweise Konsumgüter wie TV-Gerät, Videorecorder, Kamera, Mobiltelephon etc., die in der Vergangenheit zu den Luxusgütern zählten, heutzutage nicht mehr als luxuriös. Luxuriös im Sinne des Gesetzes kann eine Wohnung nur sein, wenn sie sich durch einen aussergewöhnlichen Komfort auszeichnet, der ansonsten äusserst selten anzutreffen ist. Die Umgebung eines Einfamilienhauses oder einer Stockwerkeigentumssiedlung spielt bei der Beurteilung des Gesamteindruckes zwar eine massgebliche Rolle. Aus der grosszügigen Umgebungsgestaltung allein lässt sich jedoch nicht auf ein luxuriöses Wohnobjekt schliessen.

> **Beispiel:** Ein 8-Zimmer-Einfamilienhaus gilt nicht als Luxuswohnobjekt, wenn es zwar über geräumige Wohnräume verfügt und von einem grossen Garten umgeben ist, die Inneneinrichtung dagegen keinen aussergewöhnlichen Komfort aufweist.

3.5 Bestimmungen über die Anfechtung missbräuchlicher Mietzinse

Diese Bestimmungen gelten nicht für Wohnungen, die privaten, natürlichen oder juristischen Personen gehören, wenn deren Bereitstellung von der öffentlichen Hand gefördert wurde und deren Mietzinse durch eine Behörde kontrolliert werden. Ist die öffentliche Hand selbst Eigentümerin subventionierter Wohnungen, sind diese den Schutzbestimmungen voll unterstellt.

4. Abschluss des Mietvertrages

4.1 Mietersuche und Datenschutz

Die Suche nach einem Mieter kann mittels Inserat (unter Chiffre oder unter Angabe von Name und Adresse des Vermieters), anhand einer nachgeführten Warteliste oder über das Internet erfolgen. Alle Interessenten, die in Frage kommen, sollten ein Anmeldeformular für Mietinteressenten ausfüllen. Dieses Formular ist die Grundlage für die Auswahl des Mieters und für eine allfällige Warteliste.

Zu den Anmeldeformularen für Mietinteressenten bestehen *Richtlinien des Eidgenössischen Datenschutzbeauftragten*, die zu berücksichtigen sind. Insbesondere ist darauf zu achten, dass auf dem Formular hinsichtlich des Zivilstandes nur gefragt werden darf, ob das Mietobjekt als Familienwohnung benutzt wird (Wohnung, in der ein Ehepaar – mit oder ohne Kinder – den gemeinsamen Haushalt führt bzw. seinen Lebensmittelpunkt führt). Die Frage nach dem Einkommen ist *zulässig*, sofern nach der *Einkommenskategorie* (10'000er Schritte bis zu Fr. 100'000.--) oder nach dem *Verhältnis zwischen Mietzins und Einkommen* gefragt wird.

Gemäss Urteil der Eidgenössischen Datenschutzkommission (EDSK) vom 21. November 1996 ist der Eidgenössische Datenschutzbeauftragte bei der im Dezember 1993 eingeleiteten Untersuchung von Anmeldeformularen für Mietinteressenten zu Recht davon ausgegangen, dass die Bearbeitung von Personendaten bei der Vermietung von Wohnobjekten dem Geltungsbereich des Datenschutzgesetzes des Bundes (DSG) untersteht. Es handle sich dabei nicht um die Bearbeitung von Personendaten ausschliesslich zum persönlichen Gebrauch, die dem Geltungsbereich des DSG nicht unterstellt sind. Aufgrund dieser Ausgangslage habe der Eidgenössische Datenschutzbeauftragte am 21. November 1994 zu Recht eine Empfehlung betreffend die bei Interessenten für Mietwohnungen zu erhebenden Daten (zitiert im Urteil der EDSK) erlassen.

Gemäss dieser Empfehlung und gemäss des vorgenannten Urteils der Datenschutzkommission, welches diese Empfehlung präzisiert hat, dürfen vom Vermieter folgende Daten erhoben werden:

Name, Vorname, Adresse und Geburtsdatum der dem Mietvertrag als Partei beitretenden Personen;

Anzahl Personen in der Wohnung, davon Kinder (bei den Kindern darf auch nach Alter und Geschlecht gefragt werden);

Bestehender oder beabsichtigter Untermietvertrag;

Verwendung der Wohnung auch als Wohnung für den Ehepartner (Familienwohnung);

Beruf der den Mietvertrag unterzeichnenden oder mit dem Mieter von Gesetzes wegen solidarisch haftenden Personen;

Arbeitgeber dieser Personen, Arbeitsort (Frage nach dem Arbeitsort ist ebenfalls zulässig, aber ausdrücklich als fakultativ zu erklären);

Einkommen dieser Personen in Einkommenskategorien (10'000er-Schritte bis Fr. 100'000.--) oder Frage nach dem Verhältnis zwischen Miete und Einkommen;

Betreibungen in den letzten zwei Jahren;

Frage nach Nationalität (aber auf Formular nur Unterscheidung Schweizer/Ausländer gestattet);

Haustiere;

Anzahl Autos;

besondere Lärmverursachung (darunter wird auch – für einen musizierenden Mietinteressenten nicht unbedingt einleuchtend – das Spielen von Musikinstrumenten subsumiert);

Frage nach den gewünschten Räumlichkeiten;

Grund der Wohnungssuche;

Frage, ob die bisherige Wohnung durch den Vermieter gekündigt wurde und wenn ja, warum.

Folgende Angaben dürfen nur erhoben werden, wenn dem Vermieter eine gesetzliche Pflicht obliegt, sie einer Behörde zu melden. Diese Angaben dürfen nur bei denjenigen Personen erhoben werden, über die der betreffenden Behörde Meldung gemacht werden muss (also z.B. der einziehende Mieter und seine Familie):

Konfession;

Zivilstand, Datum der Trauung, Trennung oder Scheidung;

Frage nach der konkreten Nationalität, Art der Aufenthaltsbewilligung, bisherige Aufenthaltsdauer in der Schweiz;

Heimatort, Abstammung;

Adresse und Telefonnummer des Arbeitgebers, Dauer des Arbeitsverhältnisses.

Darüber hinaus dürfen die vorgenannten Fragen sowie folgende Fragen auch bei Vorliegen besonderer Voraussetzungen gestellt werden (Bestehen einer gesetzlichen Pflicht, statutarische Zielsetzung der Liegenschaftsverwaltung oder andere wichtige besondere Gründe):

Angaben, die der detaillierten, systematischen Abklärung der finanziellen Verhältnisse des Mietinteressenten dienen;

Musikinstrumente;

unregelmässige Arbeitszeiten;

benutzte Fahrzeuge, Fahrzeugmarke, Kontrollschildnummer, Wert des Fahrzeugs;

Anzahl Wohnungswechsel in den letzten Jahren;

Anzahl Zimmer und Mietpreis der bisherigen Wohnung;

Nutzung der bisherigen Wohnung;

Verwendungszweck der neuen Wohnung;

voraussichtliche Mietdauer;

Bestehen einer Invalidität (grundsätzlich nur bei der Vermietung von Invalidenwohnungen).

Folgende Angaben dürfen in keinem Fall erhoben werden:

Besteht ein Zwang zum Abschluss des Mietvertrages aufgrund der Situation auf dem Wohnungsmarkt oder einer persönlichen Notlage?

Beurteilung des Preis-Leistungsverhältnisses der Wohnung;

Mitgliedschaft des Mietinteressenten oder anderer Personen bei einer Mieterschutzorganisation (einer politischen Partei etc.);

Interesse am Abschluss eines Koppelungsgeschäftes, namentlich eines Versicherungsvertrages mit der betreffenden Liegenschaftsverwaltung;

Bestehen chronischer Krankheiten;

nur punktuelle Angaben zur finanziellen Situation des Mietinteressenten, die über das grundsätzlich Zulässige hinausgehen, aber dennoch kein vollständiges Bild der finanziellen Situation des Mietinteressenten ergeben (z.B. Fragen nach Abzahlungs- und Leasingverträgen, nach Lohnzessionen, nach einer Restschuld auf dem Mobiliar).

Referenzen dürfen nur bei dem vom Mietinteressenten selbst angegebenen Personen eingeholt werden und der Vermieter darf sich von der Referenzperson grundsätzlich nur die vom Mietinteressenten gemachten Angaben bestätigen lassen. Ist die Erhebung weiterer Angaben erforderlich, so ist der Mietinteressent darüber vorher zu informieren. Insbesondere dürfen *Erkundigungen beim bisherigen Vermieter und beim Arbeitgeber nur mit ausdrücklicher Einwilligung des Mietinteressenten eingeholt werden.*

Hinweis: *Beim Drucksachenverkauf des Hauseigentümerverbandes Schweiz sind Anmeldeformulare für Mietinteressenten erhältlich, die den Anforderungen des Datenschutzes entsprechen.*

Empfehlung: *Vor Vertragsabschluss sollte beim Betreibungsamt ein Betreibungsauszug eingeholt werden, welcher der Abklärung der Zahlungsfähigkeit des zukünftigen Mieters dient.*

Es kann selbstverständlich auch vom potentiellen zukünftigen Mieter verlangt werden, dass er einen entsprechenden Auszug beibringt. Vor Abschluss des Mietvertrages ist es zudem empfehlenswert, mit diesem ein persönliches Gespräch zu führen. Den Mietinteressenten, die nicht berücksichtigt werden konnten, sollte stets ein Absagebrief zugestellt werden. Dieser sollte erst dann abgeschickt werden, wenn ein vom ausgewählten Mietinteressenten unterzeichneter Mietvertrag vorliegt.

4.2 Die vorvertraglichen Verhandlungen

In der Regel gehen einem Mietvertragsabschluss Verhandlungen der Parteien über den Inhalt des abzuschliessenden Vertrages voraus. Obwohl die Verhandlungspartner grundsätzlich frei sind, ihre Vertragsverhandlungen jederzeit nach Belieben abzubrechen, ohne für die der Gegenpartei dadurch entstandenen Kosten aufkommen zu müssen, kommt auch derartigen vorvertraglichen Verhandlungen eine rechtliche Bedeutung zu. Die Parteien sind verpflichtet, Vertragsverhandlungen unter dem Aspekt von Treu und Glauben zu führen und der jeweiligen Gegenpartei wichtige (für diese nicht erkennbar) Tatsachen im verkehrsüblichen Umfang mitzuteilen (BGE 105 II 79, BGE 108 II 313). *Treuwidriges Verhalten* im Verlaufe von Vertragsverhandlungen ist mithin unzulässig und kann zu *Schadenersatzansprüchen* des von der Treuwidrigkeit des Verhandlungspartners Geschädigten führen (sog. culpa in contrahendo). Dies ist beispielsweise dann der Fall, wenn diejenige Partei, die sich gegen den Abschluss des Mietvertrages entschieden hat, die Gegenpartei davon nicht in Kenntnis setzt und dieser deswegen unnötige Kosten erwachsen. Zum pflichtgemässen Verhalten gehört es, dass die Parteien sich gegenseitig über wesentliche, den Vertragsabschluss betreffende, Punkte informieren und diesbezügliche Fragen der Gegenpartei ehrlich beantworten. Culpa in contrahendo liegt gemäss konstanter bundesgerichtlicher Rechtsprechung allerdings dann *nicht* vor, wenn eine Partei bei Vertragsverhandlungen sich nicht um Irrtümer der Gegenpartei kümmert, die diese bei gehöriger Aufmerksamkeit selber hätte erkennen können (BGE 102 II 81, BGE 106 II 42).

4.3 Koppelungsgeschäfte

Bei einem Koppelungsgeschäft handelt es sich um einen vom Mietvertrag unterscheidbaren Vertrag, dessen Gegenstand nicht in Zusammenhang mit dem Gebrauch der Mietsache steht und dem Mieter aufgedrängt wird. Gemäss Art. 254 OR ist ein Koppelungsgeschäft –in der Regel ein Nebengeschäft des Vermieters –, das in Zusammenhang mit der Miete von Wohn- und Geschäftsräumen steht, nichtig, wenn der Abschluss oder die Weiterführung des Mietvertrages davon abhängig gemacht wird und der Mieter dabei gegenüber dem Vermieter oder einem Dritten eine Verpflichtung übernimmt, die nicht unmittelbar mit dem Gebrauch der Mietsache zusammenhängt.

Beispiel: Eine Bestimmung in einem Wohnungsmietvertrag einer Versicherungsgesellschaft, die den Mieter verpflichtet, bei derselben Versicherungsgesellschaft eine Lebensversicherung abzuschliessen, ist nichtig.

Zulässig ist dagegen ohne weiteres die Koppelung von Wohnungs- und Hauswartvertrag, weil die Hauswarttätigkeit – im Gegensatz zur Lebensversicherung – mit dem Gebrauch der Wohnung unmittelbar zusammenhängt. Zu beachten ist, dass gemäss Gesetz nur das Koppelungsgeschäft nichtig ist, nicht aber der damit verknüpfte Wohn- oder Geschäftsraummietvertrag. Der Mieter kann sich jederzeit auf die Nichtigkeit berufen und aufgrund des nichtigen Koppelungsgeschäftes bereits geleistete Zahlungen gestützt auf Art. 62 Abs. 1 OR (ungerechtfertigte Bereicherung) zurückfordern.

Die Verpflichtung des Mieters, sich gegen Wasserschaden, Glasbruch und andere Mieterschäden zu versichern, stellt kein unzulässiges Koppelungsgeschäft dar, es sei denn der Mieter wäre verpflichtet, diese Versicherung beim Vermieter (Versicherungsgesellschaft) abzuschliessen. Es steht selbstverständlich stets in der Wahlfreiheit des Mieters, bei welcher Versicherungsgesellschaft er die entsprechenden Versicherungen abschliessen will.

4.4 Die Form des Mietvertrages

Im Gegensatz zu bestimmten Vereinbarungen und einseitigen Erklärungen, für welche das Mietrecht das Erfordernis der Schriftform vorschreibt (z.B. Vereinbarung über die Wiederherstellung des ursprünglichen Zustandes bei Veränderungen des Mieters an der Mietsache; schriftliche Ansetzung einer Zahlungsfrist verbunden mit einer Kündigungsandrohung bei Zahlungsverzug des Mieters), *bedürfen Mietverträge zu ihrer Gültigkeit nicht der Schriftform*, selbst dann nicht, wenn es sich um die Miete von Wohn- und Geschäftsräumen handelt. Mietverträge können mithin schriftlich, mündlich, ja sogar durch konkludentes Verhalten der Parteien abgeschlossen werden.

Die Parteien können vereinbaren, dass der Mietvertrag schriftlich abzuschliessen ist. Haben die Parteien die Schriftform *nicht* ausdrücklich vereinbart, ist aber von der Ausfertigung eines schriftlichen Vertrages gesprochen worden, so gilt gemäss Art. 16 OR die Vermutung, dass die Parteien vor Erfüllung der Schriftform nicht gebunden sein wollen. Von einem stillschweigenden Vorbehalt der Schriftlichkeit wird unter anderem ausgegangen, wenn eine Partei der anderen Vertragsdoppel zur Unterzeichnung zusendet bzw. wenn die Parteien gemeinsam einen schriftlichen Vertragsentwurf ausgearbeitet haben. Diese Vermutung kann umgestossen werden, wenn es einer Partei gelingt, den Beweis dafür zu erbringen, dass die Schriftform von den Parteien nicht als Gültigkeitserfordernis betrachtet wurde. Dieser Beweis dürfte in dem Fall, wo der Mieter sich weigert, den ihm zugestellten schriftlichen Mietvertrag unterzeichnet an den Vermieter zurückzusenden, rechtsgenügend wohl nur dann zu erbringen sein, wenn die Parteien schriftlich vereinbart haben, dass die Schriftform *nur zum Zwecke der Beweissicherung* vorgesehen ist.

> **Empfehlung:** *Der Abschluss eines schriftlichen Mietvertrages bei der Wohn- und Geschäftsraummiete ist dringend zu empfehlen. Die kantonalen Hauseigentümerverbände verfügen über Formularmietverträge, die von den Parteien nur ausgefüllt zu werden brauchen. Die allgemeinen Vertragsbestimmungen der Formularmietverträge regeln die für ein Mietverhältnis wesentlichen Belange. Allfällige Zusatzvereinbarungen sind ebenfalls schriftlich auszufertigen und zum integrierenden Bestandteil des Formularmietvertrages zu erklären. Vereinbarungen wie beispielsweise die Vereinbarung einer festen Vertragsdauer, die Vereinbarung der Vorauszahlung von Mietzins und Nebenkosten, die Leistung einer Kaution oder das Verbot der Haustierhaltung sind ohne Vorliegen eines schriftlichen Vertrages in der Regel nicht beweisbar, wenn Vermieter und Mieter sich darüber uneinig sind. Ohne Beweise lassen sich in einem Rechtsstaat nur Ansprüche durchsetzen, die entweder vom Gesetz geregelt oder von den Parteien nachweislich vereinbart wurden.*

4.5 Besucherparkplätze

Das Erstellen von Besucherparkplätzen ist in der Regel in den kantonalen Baugesetzen vorgeschrieben. Der Vermieter ist in solchen Fällen grundsätzlich verpflichtet, vorgeschriebene Besucherparkplätze für diese Zweckbestimmung zu erhalten. Frei verfügen dürfte er nur über Besucherparkplätze, welche freiwillig erstellt worden sind. Besucherparkplätze sind an sich so zu nutzen, wie es der Sinn des Wortes aussagt: durch (kurzzeitige) Besucher, nicht durch in einer Liegenschaft wohnende Mieter oder Eigentümer bzw. deren Angehörige. Problematisch sind in diesem Zusammenhang auch sog. Dauerbesucher, und zwar vor allem in denjenigen Fällen, in denen keine genügende Anzahl von Besucherparkplätzen vorhanden ist. Mieter und Eigentümer dürfen ihr Auto an sich auch nicht kurzfristig (z.B. während der Mittagspause) auf Besucherparkplätzen abstellen.

> **Hinweis:** *Vorplätze (ausgenommen bei Einfamilienhäusern) sind in der Regel nicht vermietet, sondern nur die Garage. Der Mieter darf somit ohne Erlaubnis des Vermieters den Vorplatz nicht zum ständigen Abstellen eines zweiten Fahrzeuges benutzen.*

Ob Mieter Tiefgaragenplätze als Abstellfläche für Pneus, Möbel, Kinderwagen etc. benützen dürfen, hängt einerseits *von den feuerpolizeilichen Vorschriften* ab. Diesen muss der Mieter stets Beachtung schenken. Andererseits ist der Mieter auch an *Bestimmungen in einer allfälligen Hausordnung bzw. Tiefgaragenordnung* gebunden. Der Vermieter kann die Lagerung nicht brennbarer oder schwer brennbarer Gegenstände (Pneus, Moped, Gepäckträger) gestatten. Selbstverständlich sind derartige Gegenstände so zu lagern, dass nicht andere Tiefgaragenbenutzer im Befahren des allgemeinen Garagenteils bzw. bei der Benutzung ihrer Autoabstellplätze beeinträchtigt werden.

4.6 Hausordnung

Beim Abschluss eines Mietvertrages sollte jeweils eine Hausordnung, die zum integrierenden Bestanteil des Vertrages erklärt wird, abgegeben werden. Die Hausordnung dient der Gewährleistung eines korrekten Verhältnisses zwischen den Mietern und somit der Wahrung des Hausfriedens in der Mietliegenschaft. Die Hausordnung enthält Bestimmungen bezüglich der Allgemeinen Ordnung im Haus, der Hausruhe, der Benutzung von Waschküche und Trockenräumen, der Benutzung von Autoeinstellhallen und Besucherparkplätzen, der Liftbenutzung, der Gartenbenutzung, der Haustierhaltung, der Kehrichtbeseitigung etc. Verletzungen der Hausordnung sollten schriftlich abgemahnt werden. Es ist zu beachten, dass dem Mieter mit dem Abschluss des Mietvertrages das Wohn- und Benutzungsrecht an der Mietsache abgetreten wird. Der Vermieter kann diese Rechte nicht durch rigide Regelungen im Mietvertrag oder in der Hausordnung aushöhlen. So können beispielsweise weder der Empfang von Gästen noch die Beherbergung von Verwandten und Freunden während einer gewissen Zeit verboten werden. Bei wiederholtem Verstoss gegen die Hausordnung muss der Mieter mit der Kündigung rechnen.

> **Hinweis:** Im Drucksachenverkauf des Hauseigentümerverbandes Schweiz wird eine Hausordnung für Mietverhältnisse vertrieben.

4.7 Waschordnung

Die Waschordnung regelt die Benutzungszeiten der Waschküche und der Trockenräume durch die Mieter (z.B. 06.00 Uhr bis 22.00 Uhr) und die Verantwortung für deren Reinigung. Es liegt in der Kompetenz des Vermieters, den Mietern bestimmte Waschtage zuzuweisen (Waschplan). Fehlt es an einem Waschplan, so können die Mieter wählen, wann sie waschen wollen. Dies geschieht in der Regel durch den Eintrag in einer in der Waschküche angebrachten Waschliste. *Der Vermieter ist verpflichtet, dafür besorgt zu sein, dass alle Mieter die Waschküche und Trockenräume gleichmässig benützen können.* Objektiv begründbare Abweichungen sind allerdings zulässig, sofern sie im Mietvertrag festgehalten sind (z.B. Abstufung der Anzahl Waschtage nach Wohnungsgrösse). Um Streitigkeiten unter den Mietern zu vermeiden, ist die Ausarbeitung eines festgelegten Waschplans empfehlenswert, zumal es den Mietern grundsätzlich frei steht, Waschtage abzutauschen. Werden Waschtage abgetauscht, haben die betreffenden Mieter die Reinigung zu gewährleisten. Im Falle von Beanstandungen ist dem Vermieter gegenüber grundsätzlich der im Waschplan aufgeführte Mieter verantwortlich.

4.8 Hauswart

Ist der Mieter gemäss Mietvertrag nicht für die Treppenhausreinigung, die Garten- und Umgebungspflege sowie für die Schneeräumung zuständig, so kann der Mieter grundsätzlich davon ausgehen, dass der Vermieter einen Hauswart mit der Ausführung dieser Arbeiten betraut bzw. diese selber ausführt. *Ohne ausdrückliche vertragliche Vereinbarung ist der Mieter nicht zur Ausführung solcher Arbeiten verpflichtet.*

Der Hauswart ist primär für die Ordnung in und um die Mietliegenschaft verantwortlich. Dazu gehören auch die Gartenpflege (Rasen mähen, Laub entfernen, Hecken und Sträucher schneiden) und die Schneeräumung. Bezüglich der Ordnung ist der Hauswart auch für die Einhaltung der Hausordnung besorgt. Ferner ist der Hauswart in der Regel für die Bedienung der Heizanlage, für die Vornahme von Kleinreparaturen in den allgemeinen Räumlichkeiten der Liegenschaft (Ersatz von Hahnendichtungen, Reinigung von Waschküchenabläufen, Ersatz von Sicherungen und Glühlampen etc.) sowie für die Kontrolle der Durchführung periodischer Revisionen zuständig.

> **Empfehlung:** *Verwaltungs- und Hauswartskompetenzen sollten klar getrennt werden. Es sollte insbesondere vermieden werden, dass der Hauswart sich Verwalterkompetenzen anmasst. Bei Streitigkeiten unter den Mietparteien sollte stets der Liegenschaftsverwalter und nicht der Hauswart intervenieren. Die Mieterkorrespondenz (z.B. Mahnschreiben bei Zahlungsverzug; Abmahnung bei Sorgfalts- und Rücksichtnahmepflichtverletzungen etc.) sollte ebenfalls vom Verwalter geführt werden.*

Werden die Kompetenzen des Hauswartes nicht genau definiert, führt dies in Mietliegenschaften erfahrungsgemäss zu Streitigkeiten zwischen dem Hauswart und Mitmietern. Konflikträchtig sind vor allem die entgegengesetzten Interessen des (in der Regel nebenamtlichen) Hauswartes und der übrigen Mieter. Während die letzteren an einer möglichst uneingeschränkten Nutzung interessiert sind, ist der Hauswart oft auf eine Minimierung seines Arbeitsaufwandes bedacht. Streitpunkte sind des öfteren die Ordnung im Veloraum, in der Waschküche, im Treppenhaus, im Bereich der Haupteingangstüre sowie die Benutzung des Gartens. Dem Hauswart steht es nicht zu, über den Mietvertrag (inkl. Hausordnung) hinausgehende Vorschriften zu erlassen. Dem Hauswart sollte auch keine privilegierte Mieterstellung eingeräumt werden. Es ist dem Hausfrieden besonders abträglich, wenn der Hauswart sich Freiheiten herausnehmen darf, die den übrigen Mietern nicht gewährt werden.

Achtung: Es ist unzulässig, dem Hauswart Passepartoutschlüssel mit Zugang zu den Mietwohnungen zu überlassen. Der Vermieter muss einschreiten, wenn ein Hauswart seine Kompetenzen überschreitet. Ebenso ist es Sache des Vermieters, die korrekte Ausführung der dem Hauswart übertragenen Arbeiten zu kontrollieren.

4.9 Schneeräumung

Die Schneeräumung vor Haus- und Garagenzufahrten ist stets Sache der Grundeigentümer oder Mieter. Der Grundeigentümer kann für die Ausführung dieser Arbeiten nicht das Personal des Schneeräumungsdienstes der Gemeinde heranziehen. Der Schnee darf zudem grundsätzlich nicht auf den Gehweg oder die Strasse zurückbefördert werden, weil dies die Räumungsarbeiten des Gemeinwesens beeinträchtigen würde. Selbstverständlich darf der Schnee an den Strassenrändern gelagert werden. Mit minimalen Beeinträchtigungen müssen sowohl die Strassen-

als auch die Fusswegbenützer im Winter rechnen (Verschmälerung der Fahrspuren bzw. des Gehweges).

Für die Schneeräumung auf privaten Grundstücken ist der Hauseigentümer zuständig. Dieser ist als Werkeigentümer im Sinne von Art. 58 OR verpflichtet, den gefahrlosen Zugang zu seiner Liegenschaft sicherzustellen. Kommt jemand infolge mangelhaften Unterhaltes zu Schaden (z.B. Ausrutschen auf dem eisigen Zugangsweg zur Liegenschaft), haftet der Werkeigentümer dafür. *Ein Verschulden des Werkeigentümers ist nicht vorausgesetzt.* Bei Mietobjekten ist grundsätzlich der Vermieter für die Schnee- und Eisbeseitigung zuständig, ist er doch gemäss Art. 256 OR dazu verpflichtet, die Mietsache in einem zum vorausgesetzten Gebrauch tauglichen Zustand zu erhalten. Dazu gehört auch die Umgebungspflege inklusive Besucherparkplätze. Die Schneebeseitigung bei vermieteten Autoabstellplätzen obliegt dagegen dem jeweiligen Mieter des Autoabstellplatzes, ist doch der Mieter gemäss Art. 259 OR verpflichtet, derartige Reinigungsarbeiten selber auszuführen (sog. kleiner Unterhalt). Bei grösseren Liegenschaften besorgt in der Regel der Hauswart den Winterdienst.

Der Vermieter kann seine Schnee- und Eisräumungspflichten allerdings auf die Mieter abwälzen, *wozu es einer ausdrücklichen mietvertraglichen Vereinbarung bedarf.* Eine entsprechende Pflicht des Mieters kann sich auch aus den Umständen ergeben (z.B. Miete eines Einfamilienhauses). Der Vermieter kann die Reinigungspflichten im Einzelnen in der Hausordnung regeln, sofern diese einen integrierenden Bestandteil des Mietvertrages bildet.

> **Hinweis:** *Ist der Mieter nicht in der Lage, seine vertraglichen Pflichten zu erfüllen (z.B. Ferienabwesenheiten, Erkrankung), muss er für eine Vertretung besorgt sein. Aufgrund der Werkeigentümerhaftung ist der Eigentümer (bzw. der zuständige Liegenschaftsverwalter) gehalten, regelmässig zu kontrollieren, ob der Hauswart bzw. die Mieter den Winterdienst tatsächlich erfüllen.*

Wann muss nun Schnee geschaufelt werden? Der Umfang der entsprechenden Arbeiten richtet sich nach den örtlichen Gegebenheiten. Bei starkem Schneefall kann nicht erwartet werden, dass der Schnee jeweils vollständig weggeräumt wird. Es genügt, wenn Fusswege so geräumt werden, dass zwei Fussgänger ohne Kinderwagen bequem aneinander vorbeikommen. Mehr können auch Mieter bezüglich der Schneeräumung auf den zur Mietsache führenden Wegen nicht erwarten. Die Schneeräumungspflichten bestehen in der Regel nur in der Zeit des Fussgängerverkehrs, also zwischen 7 Uhr morgens und ca. 21.00 Uhr. Es kann zudem ohne weiteres erwartet werden, dass sich die Fussgänger den jeweiligen Witterungsverhältnissen anpassen und sich bei winterlichen Verhältnissen entsprechend vorsichtig verhalten.

4.10 Kinderlärm; Spielplatz

In der Regel ist davon auszugehen, dass Mieter gegen kleine Krachmacher in rechtlicher Hinsicht nicht viel unternehmen können und zwar unabhängig davon, ob der Kinderlärm von einem Spielplatz oder von einer Wohnung ausgeht (vgl. Urteil des Kantonsgerichtes Schwyz vom 30. Juni 1971, zitiert in SJZ 70 [1974] Nr. 24 betreffend Spielplatz in einem ruhigen Villenquartier).

4.10.1 Kinderlärm in Mietwohnungen

Die Rechtsprechung geht davon aus, dass Kinder als solche keine Störung darstellen. Beeinträchtigungen, die von den Kindern natürlicherweise ausgehen, sind daher von den Mietern hinzunehmen. Als natürliche von Wohnungen ausgehende Beeinträchtigungen gelten das übliche Babygeschrei, erste Kinderunarten, unbeabsichtigte Störungen sowie bewusste kleinere Störungen wie Geschrei, Weinen, Lachen, Gepolter, Gestampfe, Gespringe und Gehopse, aber auch der übliche Spiellärm der Kinder. Kinderlärm wird als Begleiterscheinung kindlichen und jungendlichen Freizeitverhaltens betrachtet. *Diese Art von Lärm ist daher nach Auffassung der Gerichte als Lebensäusserung unvermeidbar und somit sozialadäquat*, auch wenn er von den Mitbewohnern als störend empfunden wird. Anders sieht es aus, wenn der Lärm Ausmasse annimmt, welche nicht mehr als sozialadäquat gelten können. Dies ist der Fall, wenn Kinder von Stühlen und Tischen springen, Mobiliar umwerfen, in der Wohnung Ball spielen oder Fahrrad fahren. In derartigen Fällen verletzen Eltern die ihnen obliegende Aufsichts- und Erziehungspflichten. Die Eltern riskieren die ordentliche Kündigung ihrer Mietwohnung, wenn sie dieses Verhalten ihrer Kinder nicht unterbinden (Verletzung der dem Mieter obliegenden Rücksichtnahmepflicht im Sinne von Art. 257f OR).

4.10.2 Spiellärm im Besonderen

Grundsätzlich gelten die Bestimmungen der Hausordnungen (bzw. der allgemeinen Polizeiverordnungen) betreffend Ruhezeiten (Mittagsruhezeit, Nachtruhezeit, Sonntags- und Feiertagruhezeit) auch für spielende Kinder. Kinder sind von den Eltern anzuhalten, während den Ruhezeiten möglichst ruhig zu sein. Es ist allerdings eine Erfahrungstatsache, dass sich Kinder in der Regel nicht über längere Zeit ruhig verhalten können. Gerade an Sonn- und Feiertagen ist es nicht realistisch, den Kindern jedwelche mit Lärm verbundene Spieltätigkeit zu verbieten. Die Mieter müssen somit auch während den Ruhezeiten gewisse von Kindern ausgehende Lärmbeeinträchtigungen hinnehmen.

> **Anmerkungen:** Den Kindern ist es allerdings verwehrt, gemeinschaftliche Einrichtungen und Räume für ihr Spiel zu verwenden. So sind weder Treppenhäuser, noch Kellerräume, noch Tiefgaragen, noch Personenaufzüge Ersatzspielplätze. Nicht zur Mietsache gehörende Aussenflächen der Mietliegenschaft (Rasen, Wege etc.) gelten ohne besondere mietvertragliche Vereinbarung in der Regel nicht als Kinderspielplätze.

Die Eltern sind verpflichtet, dafür zu sorgen, dass ihre Kinder entweder in der Wohnung oder auf dem vorhandenen Spielplatz spielen. Ist ein privater Spielplatz vorhanden – bei Überbauungen ist ein solcher vom öffentlichen Recht vorgeschrieben – muss hingenommen werden, dass sowohl in der Überbauung wohnende Kinder als auch befreundete Kinder aus der Schule bzw. der Nachbarschaft dort spielen.

4.11 Haustierhaltung

In den meisten Formular-Mietverträgen wird die Haustierhaltung grundsätzlich verboten bzw. von der Zustimmung des Vermieters abhängig gemacht. Davon ausgenommen sind grundsätzlich Kleintiere wie Hamster, Meerschweinchen, Wellensittiche und ähnliches.

> **Anmerkung:** Das Bundesgericht hat in einem Entscheid vom 21. Februar 1994 (abgedruckt in der Zeitschrift Mietrecht Aktuell, MRA 2/1995, S. 93 ff.) ausdrücklich festgehalten, dass die Verletzung einer vertraglich nicht erlaubten Tierhaltung durch den Mieter den Vermieter zur Kündigung des Mietverhältnisses berechtige. Im zu beurteilenden Fall hatte ein Mieter einen Hund angeschafft, obwohl in seinem Mietvertrag das Halten von Hunden ohne schriftliche Zustimmung des Vermieters

> *untersagt war und die Verwaltung ein entsprechendes Gesuch abgelehnt hatte. Nachdem der Mieter einer Aufforderung, seinen Hund innert 10 Tagen wegzugeben, nicht nachkam, kündigte der Vermieter das Mietverhältnis. Die Kündigung wurde im Anfechtungsverfahren von allen Instanzen geschützt. Das Bundesgericht stellte fest, dass eine Vereinbarung im Mietvertrag, wonach ohne schriftliche Bewilligung des Vermieters das Halten von Tieren untersagt wird, weder rechts- noch sittenwidrig sei noch gegen das Verbot übermässiger Bindung verstosse. Dabei sei es ohne Bedeutung, ob der Vermieter die Hundehaltung aus wichtigen Gründen verweigert habe oder nicht. Entscheidend sei einzig die Vertragsverletzung des Mieters, indem er entgegen den Weisungen des Vermieters einen Hund in seine Wohnung aufgenommen habe. Eine vertraglich untersagte Hundehaltung hätte sogar – so das Bundesgericht – eine ausserordentliche Kündigung gerechtfertigt. Man beachte: Der vom Bundesgericht beurteilte Mietvertrag enthielt kein ausdrückliches Tierhaltungsverbot, sondern verlangte für die Tierhaltung eine Bewilligung des Vermieters. Dieser ist grundsätzlich frei, eine Bewilligung zu erteilen oder nicht.*

Es ist eine Grundsatzfrage, ob dem Mieter die Haustierhaltung gestattet werden soll. Falls sich der Vermieter für eine Zustimmung entschliesst, sollte dem Mieter in schriftlicher Form vor Augen geführt werden, welche Pflichten für ihn durch die Haltung eines Haustieres entstehen. Vor allem der Mieter einer in einem Mehrfamilienhaus gelegenen Wohnung sollte auf die speziell aus der Haltung von Haustieren resultierende Rücksichtnahmepflicht gegenüber den übrigen Mietern hingewiesen werden. Insbesondere sollten auch die Modalitäten eines allfällig notwendigen Widerrufs der Zustimmung klar geregelt werden. Schliesslich sei betont, dass Bewilligungen zum Halten von Reptilien und wilden Tieren grundsätzlich *nicht* erteilt werden sollten. *Eine generelle Zustimmung zur Haustierhaltung schliesst derartige Tiere nie mit ein.*

4.12 Musikinstrumente; TV-, CD- und Radiogeräte

Dem Mieter kann weder das Spielen von Musikinstrumenten noch das Hören von Musik, das Radiohören und das Anschauen von Fernsehprogrammen in der Wohnung verboten werden, solange die in den entsprechenden Polizeiverordnungen geregelten Ruhezeiten (Mittags-, Nacht- und Sonntagsruhe) beachtet werden.

Achtung: Während den Ruhezeiten ist der Mieter verpflichtet, das Spielen von Musikinstrumenten zu unterlassen. Dies gilt selbstverständlich auch an Sonn- und Feiertagen. Radio- und Fernsehgeräte muss der Mieter auf Zimmerlautstärke einstellen.

Fühlen sich Nachbarn ausserhalb der Ruhezeiten von Musik- und Fernsehapparaten aus einer anderen Wohnung gestört, ist aufgrund der nachbarrechtlichen Regelung von Art. 684 ZGB zu entscheiden, ob es sich um *verbotene übermässige Immissionen* oder um *ortsübliche Immissionen* handelt, die hinzunehmen sind. Sowohl das Spielen von Musikinstrumenten als auch das kurzzeitige Lauteinstellen eines Radiogerätes ausserhalb der Ruhezeiten gelten als ortsübliche Immissionen, die mit dem Wohnen verbunden sind und mithin zu dulden sind. Es kann allerdings erwartet werden, dass derartige Immissionen – je nach Intensität – auf maximal 1,5 Stunden pro Tag beschränkt werden.

4.13 Satelliten-TV-Empfang des Einzelmieters

Häufig stellt sich dem Vermieter die Frage, wie er auf einen Wunsch eines Mieters reagieren soll, im Aussenbereich der Mietliegenschaft (Garten, Sitzplatz, Balkonbrüstung) eine Parabolantenne zu installieren.

Gemäss Art. 260a OR kann der Mieter Erneuerungen und Änderungen an der Sache nur vornehmen, wenn der Vermieter schriftlich zugestimmt hat (vgl. dazu 6.2). Die Installation einer Parabolantenne fällt unter Art. 260a OR und bedarf somit *der schriftlichen Zustimmung des Vermieters* (vgl. Christoph M. Pestalozzi, Rechtspraxis des ASTRA-Satellitendirektempfangs in der Schweiz, ASTRA Schriftenreihe zur Satellitenkommunikation, Band 3, 2. Auflage). Der Vermieter kann diese Zustimmung *ohne weiteres verweigern*.

> **Hinweis:** *Der Mieter hat selbst dann keinen Anspruch auf die Zustimmung des Vermieters, wenn er einen Sender in seiner Landessprache nicht über das Kabelnetz empfangen kann. Grundrechte können gemäss herrschender Auffassung nur gegenüber dem Staat nicht aber gegenüber privaten Dritten angerufen werden. Eine direkte Drittwirkung ist somit im Einklang mit der herrschenden Lehre in der Schweiz abzulehnen.*

Installiert der Mieter ohne Zustimmung des Vermieters oder auf dessen ausdrückliches Verbot hin eine Parabolantenne, kann der Vermieter deren *Entfernung und die Wiederherstellung des ursprünglichen Zustandes*

verlangen. Der Mieter riskiert zudem die Kündigung des Mietverhältnisses.

Die Frage wäre unter Umständen anders zu beurteilen, wenn der Mieter die Parabolantenne nicht fest installiert, sondern etwa im Balkonbereich oder Dachterrassenbereich aufstellt. Wenn der Mietvertrag diesbezüglich kein ausdrückliches Verbot enthält, kann der Vermieter das Aufstellen der Antenne nur – aber immerhin – dann verbieten, wenn dadurch der Gesamteindruck der Mietliegenschaft erheblich betroffen ist bzw. die Gefahr besteht, dass die Antenne vom Balkon bzw. von der Dachterrasse herunterstürzen könnte (z.B. im Falle eines Sturmes) und somit eine Gefahr für Drittpersonen darstellt. Eine Beeinträchtigung des Erscheinungsbildes der Mietliegenschaft dürfte schon dann gegeben sein, wenn die Antenne nach aussen hin gut sichtbar ist.

4.14 Balkonnutzung

Da eine Vielzahl von Mietern nicht über einen eigenen Garten verfügt, bleibt ihnen oft nur der zur Wohnung gehörende Balkon, wenn sie während den heissen Jahreszeiten abends ein paar Stunden im etwas kühleren Freien verbringen wollen. Wie weit reicht nun das diesbezügliche Nutzungsrecht des Mieters?

> **Hinweis**: *Das Mietrecht enthält keine balkonspezifischen Regelungen. Es gelten also grundsätzlich die allgemeinen Regeln des Mietrechtes, wonach der Mieter die Mietsache sorgfältig und vertragskonform gebrauchen muss, und dabei auch auf die übrigen Hausbewohner Rücksicht zu nehmen hat. Diese Pflichten können im Mietvertrag und in einer Hausordnung konkretisiert werden. Der Mieter ist bei der Balkonnutzung in der Regel stärker eingeschränkt als bei der Wohnungsnutzung, weil der Balkon im Aussenbereich liegt. Der Vermieter hat deshalb ein durchaus legitimes Recht, die Balkonnutzung bis zu einem gewissen Grade zu regeln, dies nicht zuletzt im Interesse aller Mieter, die von Immissionen (Lärm- und Geruchsimmissionen), die von einem Balkon ausgehen, grundsätzlich stärker betroffen sind, als von Immissionen, die sich aus der Wohnungsnutzung ergeben.*

Der Mieter ist bei der Balkonnutzung ähnlichen Restriktionen unterworfen wie ein Eigentümer einer Wohnung. Der letztere darf gegen den Willen der Stockwerkeigentümergemeinschaft weder den Balkon verglasen noch diesen durch andere Veränderungen (z.B. Vorhang) in einer Weise gestalten, welche die äussere Gestalt des Gebäudes beeinträchtigt. Die Eigentümergemeinschaft hat sogar das Recht, auf die farbliche Gestaltung der Sonnenstoren Einfluss zu nehmen. Da der Mieter nicht Wohnungseigentümer ist, kann er bei der Balkonnutzung *nicht weitergehende Nutzungsrechte* geltend machen als ein Wohnungseigentümer. *Ohne Einwilligung des Vermieters sind dem Mieter bauliche Veränderungen (z.B. Balkonverglasung) untersagt.* Dies gilt auch für Sichtschutzwände, Wäschetrocknungsvorrichtungen und Parabol-Antennen, sofern diese an der Fassade der Liegenschaft bzw. am Balkongeländer angebracht werden.

4.14.1 Balkonbepflanzung

Grundsätzlich ist es dem Mieter gestattet, im Innenbereich des Balkons bzw. in den dafür vorgesehenen bereits vom Vermieter zur Verfügung gestellten Blumentrögen oder Blumenkisten am Balkonrand geeignete Pflanzen zu setzen.

> **Hinweis:** *Ohne Erlaubnis des Vermieters darf der Mieter aber keine Blumenkisten nach aussen hängen. Es geht dabei nicht nur um den optischen Gesamteindruck der Liegenschaft, sondern auch um die Vermeidung einer Gefährdung von Nachbarn und Passanten (Herunterfallen einer Blumenkiste im Falle eines Sturmes).*

Mit dem Verbot des Aufhängens von Blumenkisten im Balkonaussenbereich lassen sich zudem auch Streitigkeiten wegen übermässigen Blütenfall und in den Sichtbereich des unterliegenden Mieters wachsenden Pflanzen einschränken. Rankgitter und daran rankende Kletterpflanzen sind dagegen in der Regel erlaubt, sofern die Fassade nicht benutzt wird. Diese Freude wird dem Mieter denn auch wohl kaum jemand vergällen wollen, solange sich dieser im Interesse seiner Nachbarn an gewisse Regeln hält. So muss der Pflanzenliebhaber dafür besorgt sein, dass die Pflanzen nicht vom Balkon in den Sichtbereich der untenliegenden Wohnung hineinragen. Beim Spritzen der Blumen ist darauf zu achten, dass der darunter wohnhafte Mieter nicht durch ständig herabtropfendes Giesswasser und herabfallende Pflanzenteile in Mitleidenschaft gezogen wird. Die normale Blütenzufuhr (durch Windverwehungen von einem Balkon auf einen anderen oder auf einen darunter liegenden Sitzplatz) muss allerdings stets hingenommen werden.

Achtung: Es ist nicht zulässig, die Bausubstanz des Balkons durch zu schwere Blumentröge oder Blumenkisten zu beeinträchtigen.

Zudem ist darauf zu achten, dass es sich beim Balkon nicht um einen Garten handelt. Der Mieter muss darauf bei der Pflanzenauswahl für die Blumentröge bzw. Blumenkisten Rücksicht nehmen. Dem Mieter ist es auch nicht gestattet, den Balkon mit Erde auszufüllen und als Kleingarten oder Gemüsegarten zu nutzen. *In diesem Sinne sind denn auch der Anpflanzung von Büschen auf dem Balkon Grenzen gesetzt.*

4.14.2 Grillieren auf dem Balkon

Der Vermieter hat grundsätzlich das Recht, Grillieren auf dem Balkon *mietvertraglich zu untersagen*. Fraglich ist allerdings, ob ein generelles Grillverbot *sinnvoll* ist, zumal ein solches sich denn auch in aller Regel nur schwer durchsetzen liesse. Es ist dem Mieter nicht gestattet, für das Grillieren offene Grillgeräte zu benützen.

Empfehlung: Der Mieter sollte angehalten werden, Grillgeräte zu benutzen, die möglichst wenig Immissionen verursachen (z.B. Elektrogrill, Kugelgrill), da hiervon meist keine über das normale Mass hinausgehende Beeinträchtigungen der Nachbarn ausgehen. Nachbarn müssen nicht hinnehmen, dass der Grillfeuerqualm in ihre Wohnungen eindringt und dort für erheblichen Gestank sorgt.

Achtung: Bei der Verwendung von Gasgrillgeräten ist der Mieter verpflichtet, diese unter Beachtung der Sicherheitsbestimmungen in der Gebrauchsanleitung des Gerätes zu verwenden, besteht doch bei nicht fachgerechter Verwendung derartiger Geräte Explosionsgefahr.

Bezüglich der Lautstärke gilt, was auch bei der Wohnungsnutzung zu beachten ist. In der Regel ist ab 22.00 Uhr Ruhezeit (Regelung der Nachtruhezeiten in den allgemeinen Polizeiverordnungen der Gemeinden bzw. in der Hausordnung massgebend). Eine allfällige Party ist in das Wohnungsinnere zu verlegen. Die Verursachung von Lärm durch laute Gespräche und Gelächter ist nach Eintritt der Nachtruhezeit sowohl auf dem Balkon als auch in der Mietwohnung zu unterlassen. Nach Eintritt der Nachtruhezeit ist grundsätzlich die Zimmerlautstärke einzuhalten, was die Möglichkeiten der Balkonnutzung für Gespräche nach 22.00 Uhr beschränkt. Kann die Einhaltung der Zimmerlautstärke (Gespräche dürfen in anderen Wohnungen nicht gehört werden) auf dem Balkon nicht gewährleistet werden, müssen unter Umständen auch Gespräche in normaler Lautstärke unterlassen werden, damit die Nachbarn schlafen können.

4.14.3 Wäsche aufhängen

Das *Wäscheaufhängen auf dem Balkon* ist dem Mieter im Rahmen der normalen Balkonnutzung grundsätzlich gestattet. Er darf dafür aber ohne Einwilligung durch den Vermieter keine festen Wäschetrockenvorrichtungen anbringen. Wäschetrockengestelle sind wie Blumentröge so zu sichern, dass sie niemanden gefährden, auch bei einem ortsüblichen Unwetter nicht. Das (nach aussen sichtbare) Trocknen von Wäsche im Freien ist auch heute noch vielerorts an Sonntagen und allgemeinen Feiertagen verpönt und sollte daher an diesen Tagen unterlassen werden.

4.15 Treppenhaus, Eingangsbereich

Treppenhaus und Eingangsbereich sind *allgemein zugängliche Teile*, die zwar im Rahmen ihres Bestimmungszweckes benutzt werden dürfen, darüber hinausreichende Nutzungen aber in der Regel unzulässig sind. Die Miete ist stets auf die jeweilige Wohnung beschränkt. In der Regel enthalten Hausordnungen, die das Zusammenleben der Eigentümer bzw. Mieter regeln, Bestimmungen, die sich auf die Ordnung in allgemein zugänglichen Teilen oder Räumen beziehen. Aber auch ohne ausdrückliche Regelung in einer Hausordnung sind die Mieter nur berechtigt, allgemein zugängliche Teile *im üblichen Rahmen* zu nutzen. So darf etwa eine Fussmatte vor der Wohnungstüre hingelegt werden. Selbstverständlich dürfen der Eingangsbereich sowie das Treppenhaus durchschritten werden. Dies gilt auch für Besucher.

> **Anmerkungen/Empfehlungen:**
>
> **Keine Zwischenablage**
>
> *Abgesehen von eventuellen Durchgangsbehinderungen ist das Treppenhaus schon aus hygienischen Gründen als Zwischenablage für Müllsäcke und Altglas ungeeignet. Gerade Müllsäcke verursachen Geruchsbelästigungen im Treppenhaus, die sich niemand gefallen lassen muss. Darüber hinaus darf aber auch Sperrabfall (alte Matratzen, alte Lampen, alte Kommoden etc.) nicht zwischengelagert werden.*
>
> **Keine Erweiterung der Wohnfläche**

> Die Mieter sind nicht berechtigt, das Treppenhaus sozusagen im Sinne einer Erweiterung ihrer Wohnfläche mit Schränken, Kommoden, Pflanzen, Statuen etc. zu verstellen. Ebenfalls verboten ist das **dauerhafte Abstellen** von Schuhen und Schirmen. Selbst in Fällen, in denen der Vermieter die Erlaubnis erteilt, gewisse Möbel im Treppenhaus abzustellen, ist zwingend darauf zu achten, dass nicht etwa feuerpolizeiliche Vorschriften verletzt werden. Im Interesse eines möglichst störungsfreien Zusammenlebens der Bewohner ist grundsätzlich davon abzuraten, den Mietern einen zu ausgedehnten Gebrauch des Treppenhauses zu gestatten. Nicht selten resultiert daraus ein Wildwuchs, der später nicht mehr eingedämmt werden kann.
>
> **Vermeidung von Geruchsbelästigungen**
>
> Das Treppenhaus darf nicht als Abluftvorrichtung missbraucht wird, um die lästigen Küchengerüche aus der Wohnung zu bringen. Sowohl im Treppenhaus als in den allgemein zugänglichen Räumen ist das Rauchen zu unterlassen. Gegen das gelegentliche Entweichen von Kochgerüchen und Rauchgeschmack beim Auf- und Zumachen der Wohnungstüre lässt sich selbstverständlich nichts ausrichten.
>
> **Kein Spielplatz**
>
> Es ist den Kindern untersagt, das Treppenhaus (zuzüglich die Liftanlage) als Spielplatz zu missbrauchen. Das ist nicht nur gefährlich (Unfallgefahr), sondern führt auch zu unzulässigen Lärmbelästigungen. Das Liftfahren als Spiel führt zudem zu einer übermässigen Blockierung der Liftanlage und zu einer unnötigen Energieverschwendung.

4.16 Rauchen in Mietwohnungen

In der Schweiz ist das Rauchen in öffentlichen Gebäuden meistens untersagt (Flughäfen, Gebäude der öffentlichen Verwaltung etc.). Rauchverbote gelten in der Regel auch für öffentliche Verkehrsmittel, Restaurants, Bars, Theater, Kinos etc. Aufgrund fehlender gesetzlicher Vorschriften ist davon auszugehen, dass dem Mieter das Rauchen in nicht ausdrücklich im Mietvertrag als Nichtraucherwohnung deklarierten Mietwohnungen grundsätzlich nicht untersagt werden kann. *Das Rauchen stellt einen Ausfluss der freien Willensentscheidung des Mieters dar* und muss daher im Normalfall im Mietobjekt geduldet werden. Weil Balkone zum Wohnbereich des Mieters gehören, darf der Mieter grundsätzlich

auch auf dem Balkon rauchen. Mitmieter, die sich durch aufsteigenden Rauch belästigt fühlen, haben in der Regel keinen Unterlassungsanspruch gegenüber einem auf dem Balkon rauchenden Nachbarn. Ausgeschlossen sind daher grundsätzlich auch Mietminderungsansprüche gegenüber dem Vermieter im Sinne von Art. 259d OR. Es ist allerdings auch in diesem Zusammenhang auf das in Art. 257 f OR statuierte Gebot der Rücksichtnahme zu verweisen. Es kann also auch von einem rauchenden Mieter erwartet werden, dass er das Rauchen auf dem Balkon mit Mass ausübt. *Nicht erlaubt ist dagegen das Kiffen; der Cannabiskonsum ist gemäss Betäubungsmittelgesetz ein unzulässiges strafbares Verhalten, welches vom Vermieter bzw. den Mitmietern grundsätzlich nicht hingenommen werden muss.* Ein bloss gelegentlicher Cannabiskonsum des Mieters reicht allerdings für sich alleine genommen wohl kaum für eine Kündigung des Mietverhältnisses aus. Führt regelmässiger Konsum des Mieters allerdings zu berechtigten Klagen von Mietern, weil der Gestank spürbar in die anderen Wohnungen dringt, so kann der Vermieter das Mietverhältnis *ordentlich kündigen*, wenn eine vorhergehende Abmahnung keine Wirkung zeitigt.

> **Hinweis**: *Wird eine Wohnung ausdrücklich als* **Nichtraucherwohnung** *an einen Nichtraucher vermietet, so ist ein im Mietvertrag statuiertes (dem Mieter bei Vertragsabschluss bekanntes) Rauchverbot beachtlich. Diesfalls liegt eine Individualabsprache der Parteien vor.*

Ob eine Kündigung des Mietverhältnisses wegen gelegentlichem Rauchen (z.B. durch Besucher, durch den später zugezogenen Lebenspartner) einer Anfechtung durch den Mieter standhält ist allerdings umstritten. Massgebend ist auch in solchen Fällen stets der konkrete Einzelfall.

4.17 Lüften und Heizen

Die Bewohner einer Wohnung verursachen zwangsläufig Feuchtigkeit. Feuchtigkeitsschäden und Schimmelbildung lassen sich nur durch richtiges Lüften und richtiges Heizen vermeiden. Der Mieter ist ohne weiteres verpflichtet, für das richtige Lüften und das richtige Heizen der Mietsache besorgt zu sein. Dies als Ausfluss aus der in Art. 257f OR statuierten Sorgfaltspflicht des Mieters. Nach einer Haussanierung (Einbau neuer Fenster), die ein verändertes Lüftverhalten des Mieters erforderlich

machen, ist es angezeigt, den Mieter schriftlich darauf aufmerksam zu machen.

4.17.1 Richtiges Lüften

Die Fenster sollten jeweils für kurze Zeit (ca. 5 bis 15 Minuten) ganz geöffnet werden (sog. *Stosslüften*) und dies mehrmals am Tage. Bei Abwesenheit des Mieters dürfte zweimaliges Lüften (morgens und abends) ausreichend sein. Die Kippstellung der Fenster ist wirkungslos und hat eine Verschwendung von Heizenergie zur Folge. Wenn möglich sollte morgens mittels Durchzug ein vollständiger Luftwechsel in der Mietsache durchgeführt werden. *Je kälter es draussen ist, desto öfter und desto kürzer muss gelüftet werden.* Es ist zu bedenken, dass sowohl das Trocknen von Wäsche in der Wohnung als auch eine übermässige Wohnungsbepflanzung zu einer Verschärfung des Feuchtigkeitsproblems führen. Betroffene Zimmer müssen zwingend öfters gelüftet werden und die Zimmertüren sollten geschlossen gehalten werden. Da der Mieter für von ihm verursachte Schäden im Mietobjekt verantwortlich ist, liegt es in seinem eigenen Interesse, wenn er auch Kleinwäsche nur ausnahmsweise in der Wohnung trocknet und die Wohnungsbepflanzung auf ein vernünftiges Mass reduziert. Nach dem Duschen oder Kochen sollte in der Regel unverzüglich gelüftet werden, damit die durch diese Tätigkeiten verursachten grossen Wasserdampfmengen nach draussen entweichen können. Weil grosse Möbelstücke die Raumluftzirkulation behindern und dadurch zur Bildung von feuchten Ecken beitragen, wenn sie zu nahe an den Aussenwänden stehen, ist darauf zu achten, dass jeweils ein Abstand von 5 cm zur Aussenwand eingehalten wird.

4.17.2. Richtiges Heizen

Bei *Anwesenheit* sollte der Mieter darauf achten, dass tagsüber auch im Frühjahr und im Herbst eine Raumtemperatur von 20 Grad Celsius eingehalten wird. Dies gilt sowohl für Wohnzimmer als auch für Küche und Badezimmer. In der Nacht sollte die Raumtemperatur im Schlafzimmer auf 14 Grad Celsius *abgesenkt* werden. Die Heizung sollte auch bei Abwesenheit des Mieters *nie ganz abgestellt* werden. Die Verpflichtung, das Mietobjekt sorgfältig zu benutzen, beinhaltet auch das richtige Heizen. Wird die Heizung in der kalten Jahreszeit während längerer Zeit (z.B. bei Ferienabwesenheiten) ganz abgestellt, schadet dies der Bausubstanz (Frostschäden). Je kälter es in der Wohnung ist, desto schneller kommt es zur Bildung von Kondenswasser an den Wänden. Zudem ist das ständige Auskühlen und Wiederaufheizen der Mietsache mit einem höheren Verbrauch an Heizöl bzw. Gas verbunden. Es ist darauf zu achten, dass die Innentüren zwischen unterschiedlich beheizten Räumen jeweils geschlossen sind.

4.17.3 Schimmelpilz

Aufgrund seiner gesetzlichen Meldepflicht ist der Mieter verpflichtet, den Vermieter über Schimmelpilz im Mietobjekt zu orientieren (Art. 257g OR). Schimmelpilz stellt einen Mangel an der Mietsache dar, welchen der Vermieter zu beseitigen hat (Art. 259a OR). Der Vermieter ist verpflichtet, das Mietobjekt in einem zum Gebrauch tauglichen Zustand zu erhalten. Dazu gehört auch die Beseitigung von gesundheitsgefährdenden Pilzen, zu denen der Schimmelpilz gehört. Einige Arten gelten sogar als krebsfördernd. Stellt sich heraus, dass die Schimmelpilzbildung auf ein unsachgemässes Lüft- und Heizverhalten des Mieters zurückzuführen ist, hat der Mieter für die Kosten der Mängelbehebung aufzukommen. Schimmelpilz kann sowohl auf bauliche Mängel (Verantwortlichkeit des Vermieters) als auch auf nicht situationsgerechtes Lüft- und Heizverhalten des Mieters oder gar auf beides zurückzuführen sein.

Sogenannte Wärmebrücken (Kondensierung von Wasser auf der Wandoberfläche, wenn Wände nicht gut gegen die Kälte von aussen isoliert sind) gelten als bauliche Mängel. Bis an die Aussenfassade reichende Betondecken oder einschaliges Mauerwerk in Gebäudeecken führen regelmässig zum Auftreten von Schimmelpilz. Weitere Gründe für die Schimmelpilzbildung auf baulicher Seite können die verbleibende Feuchtigkeit in einem Neubau, undichte Wasserleitungen oder von aussen in die Liegenschaft eindringendes Hang- und Grundwasser sein. Nebst nicht situationsgerechtem Heiz- und Lüftverhalten (ungenügende oder gar keine Heizung, ungenügende oder gar keine Lüftung, falsche Lüftung, zu viel Lüften in der kalten Jahreszeit) können sich z.B. eine falsche Möblierung, ein Aquarium in der Wohnung, Hydrokulturen, das unerlaubte Aufhängen grosser Wäsche in der Wohnung oder das nachträgliche Anbringen von wasserdampfundurchlässigen Tapeten bzw. eines derartigen Farbanstrichs durch den Mieter als Ursache für die Schimmelpilzbildung erweisen.

> **Empfehlung:** *Im Streitfall müsste die Ursache der Schimmelpilzbildung durch die Einholung eines oder mehreren Gutachten geklärt werden. Es liegt in der Natur der Sache, dass Gutachter verschiedene Auffassungen vertreten können oder sich nicht eindeutig entscheiden können, welche Partei für den Schimmelpilz verantwortlich ist. Da die gerichtliche Abklärung derartiger Schäden oft langwierig und teuer ist (finanziell aufwendige Gutachten) und deren Ausgang oft ungewiss ist, ist den Parteien zu raten, sich wenn immer möglich aussergerichtlich (d.h. spätestens im Verfahren vor der Schlichtungsbehörde) zu einigen.*

4.18 Treppenhausreinigung; Gartenpflege

Dem Mieter können im Mietvertrag bzw. in der Hausordnung – sofern diese integrierender Bestandteil des Mietvertrages ist – Reinigungspflichten auferlegt werden, die ansonsten von einem Hauswart erledigt werden. In der Praxis bestehen solche vertraglichen Pflichten des Mieters bezüglich der Treppenhausreinigung, der Schneeräumung sowie der Gartenpflege. Fehlt eine entsprechende vertragliche Verpflichtung, kann der Mieter in einem Mehrfamilienhaus grundsätzlich davon ausgehen, dass die entsprechenden Arbeiten vom Vermieter in Auftrag gegeben bzw. von einem dazu angestellten Hauswart erledigt werden. Dies gilt auch für Mieter in einem Gewerbemiethaus, welches mehrere Mietverhältnisse aufweist.

4.18.1 Treppenhausreinigung

Im Falle der Treppenhausreinigung wird der Vermieter festlegen müssen, wie oft und in welchem Turnus der Treppenabschnitt, der zwischen zwei Stockwerken liegt, zu reinigen ist. Befindet sich ein Mieter in den Ferien oder ist er anderweitig (z.B. krankheitshalber) an der Treppenhausreinigung verhindert, muss er einen Vertreter organisieren. Der Mieter kann selbstverständlich auch mit einem Mieter abtauschen. Entscheidend ist, dass die Durchführung der Reinigungsarbeiten gewährleistet ist.

> **Empfehlung:** *Da bei der den Mietern vertraglich überbundenen Treppenhausreinigungspflicht oft Unstimmigkeiten unter den Mietern entstehen, ist der Vermieter gut beraten, wenn er die Treppenhausreinigung von einem Hauswart oder Reinigungsinstitut ausführen lässt bzw. diese selber besorgt. Die dafür anfallenden Kosten können dem Mieter als*

Nebenkosten belastet werden, sofern dies im Mietvertrag ausdrücklich vereinbart wurde (Art. 257a OR).

Hinweis: *Im laufenden Mietverhältnis stellt ein Wechsel zur Reinigung durch Drittpersonen oder den Vermieter (Hauswart, Reinigungsinstitut, Vermieter) eine Vertragsänderung dar, die dem Mieter mit dem kantonal genehmigten Formular mitzuteilen ist (Art. 269d OR). Der Systemwechsel bei der Treppenhausreinigung ist vom Vermieter zu begründen. Die Formular- und Begründungspflicht gilt auch für die mit dem Systemwechsel verbundene Einführung neuer Nebenkosten.*

4.18.2 Gartenpflege

Der Mieter hat folgende einfachen Pflegearbeiten zu erledigen: Rasenmähen, Jäten von Unkraut, Zurückschneiden kleiner Sträucher und Hecken, Zusammenrechen des Laubfalles im Herbst.

Hinweis: *Bei der Miete eines einzelnen Mietobjektes (z.B. Einfamilienhaus) kann sich die Pflicht des Mieters, den zum Mietobjekt gehörenden Garten zu pflegen, aus den Umständen ergeben. Voraussetzung ist allerdings bezüglich der Gartenpflege bei der Einfamilienhausmiete, dass dem Mieter der Garten mitvermietet wurde. Davon ist immer dann auszugehen, wenn der Einfamilienhaus-Mietvertrag keine ausdrückliche anderslautende Regelung enthält.*

4.18.3 Mieterpflichten

Ist der Mieter gemäss Mietvertrag zur Treppenhausreinigung (Schneeräumung, Gartenpflege) verpflichtet, ist es dessen Aufgabe, während ferienbedingten Absenzen für Ersatz besorgt zu sein. Das gilt auch im Falle von krankheits- bzw. unfallbedingten Verhinderungen.

Der Mieter muss ebenfalls dafür besorgt sein, dass *die Mietsache während längeren Abwesenheiten keinen Schaden nimmt*. So hat er beispielsweise im Winter dafür zu sorgen, dass die Wasserleitungen nicht einfrieren. Fenster sind auch im Falle kürzerer Abwesenheiten geschlossen zu halten, um wetterbedingte Schäden in der Wohnung zu vermeiden. Sonnenstoren sind hochzukurbeln. Bei längeren Abwesenheiten wird es zudem für den Mieter unumgänglich sein, die Wohnung durch eine Vertrauensperson lüften und kontrollieren zu lassen. Der Mieter ist gemäss Art. 257g OR verpflichtet, dem Vermieter allfällige Mängel an der Mietsache anzuzeigen und kann im Unterlassungsfall schadener-

satzpflichtig werden. Der Mieter sollte im Falle von längeren Abwesenheiten dem Vermieter bzw. der Verwaltung mitteilen, wo für Notfälle ein Schlüssel zum Mietobjekt hinterlegt ist.

4.19 Mietvertrag auf Probe?

Es steht den Parteien frei, einen befristeten Vertrag (z.B. ein Monat, drei Monate etc.) im Sinne eines „Probevertrages" abzuschliessen. Dies setzt allerdings voraus, dass sich ein Mieter finden lässt, der sich auf eine derartige Miete einlässt, was – mit Ausnahme von Ferienwohnungen oder möblierten Einzelzimmern – doch eher schwierig zu bewerkstelligen sein dürfte. Der wiederholte Abschluss von kurzen befristeten Mietverträgen mit demselben Mieter ohne Unterbruch ist problematisch, weil darin eine Umgehung des Kündigungsschutzes gesehen werden kann, je länger der Vertragsabschluss über den ersten befristeten Vertrag zurückliegt. Ohne Vorliegen sachlich überzeugender Gründe für den Abschluss derartiger Verträge sind normale unbefristete Verträge abzuschliessen. Beim Abschluss eines unbefristeten Mietvertrages können *keine* Probezeiten vereinbart werden, während derer die Parteien – etwa wie bei einem Arbeitsverhältnis – den Vertrag kurzfristig auflösen könnten. Eine entsprechende Vereinbarung wäre nicht gesetzeskonform und hätte somit keinen Bestand.

4.20 Rücktritt vom Vertrag?

Im Gegensatz zu Haustürgeschäften und ähnlichen Verträgen (Art. 40a ff. OR) sowie zu gewerbsmässigen Abzahlungsverträgen (Art. 226a ff. OR), bei denen das Gesetz dem Käufer ein Rücktrittsrecht vom Vertrag innert sieben bzw. fünf Tagen einräumt, gibt es bei Mietverträgen *kein* derartiges Recht. Liegt nachweisbar ein Mietvertrag vor, ist der Mieter an den einmal abgeschlossenen Vertrag gebunden. Will der Mieter den Vertrag nicht erfüllen, so muss er den Mietvertrag entweder unter Beachtung der vertraglichen oder gesetzlichen Kündigungsfristen und -termine kündigen, wobei die Kündigungsfristen erst ab Mietbeginn zu laufen beginnen, oder dem Vermieter einen zahlungsfähigen und zumutbaren Ersatzmieter im Sinne von Art. 264 OR stellen (vgl. Kapitel 12).

Beispiel: Vermieter Keller und Mieter Kuhn schliessen am 1. Juni 2013 einen Mietvertrag über eine 4-Zimmer-Wohnung in Winterthur mit Mietbeginn am 1. Januar 2014 ab. Im Mietvertrag ist eine Kündigungsfrist

von drei Monaten vereinbart. Als Kündigungstermine sind Ende März, Ende Juni und Ende September bezeichnet worden. Aufgrund beruflicher Veränderungen will Mieter Kuhn im September 2013 den Mietvertrag kündigen. Weil die dreimonatige Kündigungsfrist erst ab Mietbeginn am 1. Januar 2014 zu laufen beginnt, kann der Mieter das Mietverhältnis frist- und termingerecht nicht etwa auf Ende 2013, sondern auf Ende März 2014 rechtswirksam kündigen. Will er das Mietverhältnis gar nicht antreten oder zu einem früheren Zeitpunkt verlassen, muss er dem Vermieter gemäss Art. 264 OR einen Ersatzmieter stellen. Ansonsten bleibt er dem Vermieter gegenüber bis Ende März 2014 für die Verbindlichkeiten aus dem Mietvertrag haftbar.

4.21 Formular zur Mitteilung des Anfangsmietzinses

Art. 270 Abs. 2 OR räumt den Kantonen die Kompetenz ein, im Falle von Wohnungsmangel für ihr Gebiet oder einen Teil davon die Verwendung des Formulars gemäss Art. 269d OR beim Abschluss eines Wohnraummietvertrages obligatorisch zu erklären. Die Formularpflicht verpflichtet den Vermieter, dem Mieter den Mietzins des Vormieters mitzuteilen und zu begründen. Kommt der Vermieter dieser Verpflichtung nicht nach, so ist gemäss bundesgerichtlicher Rechtsprechung der erhöhte Anfangsmietzins nichtig. Der Richter hat diesfalls den neuen Anfangsmietzins aufgrund der Faktoren des Einzelfalls gestützt auf Art. 269 ff. OR neu festzulegen, wobei der formungültig vereinbarte Mietzins nicht überschritten werden darf. Die Nichtverwendung des Formulars verhindert somit nicht etwa das Zustandekommen des Mietvertrages.

Hinweis: Folgende Kantone kennen die Formularpflicht bei der Mitteilung des Anfangsmietzinses: Genf, Waadt, Neuenburg, Freiburg, Zug und Zürich.

4.22 Das Zustandekommen des Mietvertrages

Gemäss Art. 1 OR ist für das Zustandekommen eines (mündlichen oder schriftlichen) Mietvertrages die übereinstimmende gegenseitige Willensäusserung der Parteien erforderlich. Das Gesetz stellt zudem in Art. 2 Abs. 1 OR die Vermutung auf, dass die Einigung der Parteien über alle vertragswesentlichen Punkte für das Zustandekommen des Vertrages genügend ist. Die Einigung über folgende Punkte ist demgemäss für den Abschluss eines Mietvertrages massgebend:

- die Vertragsparteien
- das Mietobjekt
- der Mietzins (Nettomietzins und Nebenkosten)

Der Mietzins wird in der Regel bei Vertragsabschluss betragsmässig festgelegt. Für das Zustandekommen des Mietvertrages genügt es allerdings, dass der Mietzins bestimmbar ist (z.B.: Der Mietzins beträgt 2 Prozent des Jahresumsatzes bei einer Geschäftsmiete). Die Vermietung besteht nicht nur aus der Überlassung von Wohn- und Geschäftsräumen zum Gebrauch, sondern umfasst auch die Gewährleistung der nötigen Infrastruktur (Heizung, Strom, Wasser, Reinigung, Garten- und Umgebungspflege, Versicherungen etc.). Die daraus resultierenden Kosten werden dem Mieter häufig separat in Rechnung gestellt. Die separate Verrechnung neben dem Nettomietzins macht diese Kosten zu „Nebenkosten". Nettomietzins und Nebenkosten bilden zusammen den Bruttomietzins.

4.23 Mietzins und Nebenkosten

4.23.1 Mietzins

Der Mietzins ist das Entgelt, das der Mieter dem Vermieter für die Überlassung von Wohn- und Geschäftsräumen schuldet (Art. 257 OR). Der Mietzins wird gewöhnlich in Geld entrichtet. Nebenkosten schuldet der Mieter nur, sofern sie ausdrücklich vertraglich ausgeschieden wurden (Art. 257a Abs. 2 OR). Ansonsten gelten die als Nebenkosten verrechenbaren Kosten als im Mietzins inbegriffen.

Mieter und Vermieter können die Höhe des Mietzinses grundsätzlich frei miteinander aushandeln. Das Mietrecht setzt der Vertragsfreiheit jedoch insofern Grenzen, als es den Mieter vor missbräuchlichen Mietzinsen und anderen missbräuchlichen Forderungen des Vermieters schützt. Insbesondere kann der Mieter den Anfangsmietzins sowie Erhöhungen des laufenden Mietzinses bei der Schlichtungsbehörde anfechten. Die Kriterien für die Prüfung der Missbräuchlichkeit von Mietzinsen sind in den Art. 269 und 269a OR festgehalten. Der erste der beiden Artikel regelt, wann ein Mietzins als missbräuchlich gilt (positive Definition der

Missbräuchlichkeit), der zweite Artikel umschreibt, wann er nicht missbräuchlich ist (negative Definition der Missbräuchlichkeit).

4.23.2 Nebenkosten
4.23.2.1 Definition

Im Gegensatz zum alten Gesetzestext enthält das revidierte, am 1. Juli 1990 in Kraft getretene Mietrecht eine inhaltliche Definition der Nebenkosten: Die Nebenkosten sind das Entgelt für die Leistungen des Vermieters oder eines Dritten, die mit dem Gebrauch der Sache zusammenhängen (Art. 257a Abs. 1 OR). Präzisierend heisst es weiter: Bei Wohn- und Geschäftsräumen sind die Nebenkosten die tatsächlichen Aufwendungen des Vermieters für Leistungen, die mit dem Gebrauch zusammenhängen, wie Heizungs-, Warmwasser-, und ähnliche Betriebskosten, sowie für öffentliche Abgaben, die sich aus dem Gebrauch der Sache ergeben (Art. 257b Abs. 1 OR). Diese Aufzählung ist nicht abschliessend. Neben den im Gesetz namentlich angeführten Heiz- und Warmwasserkosten sind folgende Nebenkostenarten am häufigsten anzutreffen:

- Treppenhausreinigung
- Hauswartung
- ARA-Gebühren (Abwassergebühren)
- Kehrichtabfuhrgebühren
- Kehrichtgrundgebühren (in Gemeinden, die eine Sackgebühr kennen)
- Garten und Umgebungspflege
- Kosten der Schneeräumung
- Schneeräumungskosten für Gemeinden mit Privatstrassen
- Kabel-TV-Gebühren/Antennengebühren
- Allgemeinstrom
- Wasserzins
- Serviceabonnemente für Waschmaschinen, Tumbler, Lift, Klimaanlagen etc.

Die Kosten für Unterhalt und Reparaturen dürfen nicht als Nebenkosten ausgeschieden werden; der Vermieter muss sie aus dem Nettomietzins bestreiten. Dies ergibt sich aus seiner Verpflichtung, die Mietsache in einem zum vorausgesetzten Gebrauch tauglichen Zustand zu erhalten (Art. 256 Abs. 1 OR).

Gewisse Kosten – sogenannte Verbraucherkosten – fallen direkt beim Mieter an. Diese werden vom Mieter ausschliesslich zum eigenen Gebrauch verursacht und sind mithin grundsätzlich keine Nebenkosten im Sinne von Art. 257a OR. Verbraucherkosten sind z.B. Telephongebühren, TV- und Radiokonzessionsgebühren und die Kosten für den im Mietobjekt verbrauchten elektrischen Strom. Diese Kosten sind vom Mieter zu bezahlen. Es braucht diesbezüglich keine Vereinbarung im Mietvertrag.

4.23.2.2 Ausscheidung im Mietvertrag

Der Mieter muss die Nebenkosten nur bezahlen, wenn er dies mit dem Vermieter besonders vereinbart hat (Art. 257a Abs. 2 OR). Wenn im Mietvertrag keine Nebenkosten ausgeschieden wurden, gelten alle Kosten als im Mietzins inbegriffen.

> **Hinweis:** *Die Waschmaschine in der Waschküche eines Wohnhauses kann nur nach dem Einwurf von Münzstücken benützt werden. Daraus wird gemäss Botschaft des Bundesrates zum neuen Mietrecht ersichtlich, dass der Strom für die Waschmaschine offensichtlich nicht im Nettomietzins inbegriffen ist; d.h. die Nebenkosten ergeben sich aus den Umständen.*

In den Mietvertragsformularen der Hauseigentümerverbände sind zumeist die Positionen "Heiz- und Warmwasserkosten", "Treppenhausreinigung", "Hauswartung" und "Antennen-/Kabelfernsehgebühren" als Nebenkosten aufgeführt. Diese vorgedruckten Positionen können um weitere ergänzt werden. Vorgedruckte Nebenkosten gelten nur als ausgeschieden, wenn dies durch Ankreuzen oder Einfügen von Frankenbeträgen ausdrücklich vereinbart wird. Jede vom Vermieter zusätzlich beanspruchte Nebenkostenposition ist im Vertrag ebenfalls namentlich aufzuführen, unabhängig davon, ob Pauschal- oder Akontozahlungen vereinbart werden. Man findet aber immer wieder Mietverträge, in denen ein summarischer Betrag für "Nebenkosten" ausgewiesen wird, ohne dass die im einzelnen darunter zu verstehenden Positionen detailliert aufgeschlüsselt sind. Von dieser Praxis ist dringend abzuraten, weil derartige Nebenkostenvereinbarungen von der Rechtsprechung als ungültig betrachtet werden. Ein Mieter, der allerdings seit Jahren widerspruchslos die Überwälzung gewisser Nebenkostenpositionen unter der summarischen Bezeichnung „Nebenkosten" hinnimmt, kann nach Treu und Glauben nicht behaupten, es sei davon auszugehen, dass die Nebenkosten dem Vermieter durch die Bezahlung des Mietzinses abgegolten sind. Diese für den Vermieter höchst unbillige Situation kann der Gesetzgeber wohl kaum gewollt haben. Bei Streitigkeiten obliegt es dem Richter, entsprechende Vertragsbestimmungen zu konkretisieren.

Falls dem Mieter Nebenkosten belastet werden, sind die entsprechenden Rechnungen sorgfältig aufzubewahren. Denn dem Mieter ist auf Verlangen Einsicht in die Belege zu gewähren (Art. 257b Abs. 2 OR). Dieses Recht steht dem Mieter auch zu, wenn Pauschalzahlungen vereinbart wurden.

4.23.2.3 Zahlungsart

In der Praxis findet man vier Systeme der Nebenkostenverrechnung. Die verschiedenen Systeme können auch teilweise gemischt vorkommen; beispielsweise indem die Heizkosten durch Akontozahlungen beglichen werden, während die übrigen Nebenkosten in Form einer Pauschale geleistet werden. Es muss nicht für jede aufgeführte Nebenkostenposition eine separate Akontozahlung festgelegt werden; *es genügt, wenn für alle Nebenkostenpositionen insgesamt ein Akontobetrag bzw. eine Pauschale bestimmt wird* (Entscheid des Bundesgerichtes 4A_185/2009 vom 28. Juli 2009).

Akontozahlungen

In den meisten Mietverträgen wird vereinbart, dass der Mieter für die ausgeschiedenen Nebenkosten Vorauszahlungen (Akontozahlungen) leistet, welche am Schluss der Abrechnungsperiode mit den tatsächlich angefallenen Kosten verglichen werden. Ergibt sich ein Saldo zugunsten des Mieters, so ist er ihm auszuzahlen, andernfalls hat der Mieter den Differenzbetrag nachzuzahlen. Erhebt der Vermieter die Nebenkosten aufgrund einer Abrechnung, muss er diese jährlich mindestens einmal erstellen und dem Mieter vorlegen (Art. 4 Abs. 1 VMWG).

Weder Gesetz noch Verordnung schreiben vor, in welchem Verhältnis die vereinbarten Akontozahlungen zu den tatsächlich anfallenden Nebenkosten stehen müssen. Es gilt diesbezüglich die Vertragsfreiheit. Bei der Erhebung von Akontozahlungen ist systemimmanent, dass die vom Mieter zu übernehmenden Nebenkosten nie zum Voraus genau bestimmt werden können. Das Bundesgericht hat denn auch klar festgehalten, dass die vertraglich vereinbarten Akontozahlungen nichts über die Höhe des effektiven Aufwandes aussagen (BGE 132 III 24 ff.). Der Mieter hat also immer damit zu rechnen, noch mehr oder weniger hohe Nachzahlungen leisten zu müssen. Wenn es für einen Mieter wesentlich ist, dass die Nebenkosten einen bestimmten Betrag nicht übersteigen, so ist es ihm zuzumuten, sich diesbezüglich vor Vertragsabschluss beim Vermieter zu vergewissern. Anderenfalls ist der Vermieter nicht zur Aufklärung verpflichtet. Es ist dem Vermieter jedoch zu empfehlen, die Akontozahlungen bei Vertragsabschluss so zu bemessen, dass damit der mutmasslich effektive Aufwand für die ausgeschiedenen Nebenkosten gedeckt ist. Während des laufenden Mietverhältnisses sollten die Akontozahlungen regelmässig überprüft und allenfalls neu festgelegt werden.

Pauschalzahlungen

Die Nebenkosten können im Mietvertrag auch als fester Betrag (Pauschale) – z.B. Fr. 120.-- monatlich – bezeichnet werden. Jede geltend gemachte Nebenkostenposition soll aber auch bei dieser Zahlungsart einzeln im Mietvertrag aufgeführt werden. Der Mieter hat auch bei Pauschalzahlung Anspruch auf Einsicht in die Belege. Bei der Festsetzung der Pauschalen muss der Vermieter auf die Durchschnittswerte dreier Jahre abstellen (Art. 4 Abs. 2 VMWG). Der Vorteil von Pauschalen besteht darin, dass keine jährliche Abrechnung erstellt werden muss, allerdings können keine Nachforderungen gestellt werden, wenn die tatsächlichen Kosten nicht gedeckt sind. Ferner kann die Pauschale wegen der erforderlichen Drei-Jahres-Mittelung rasch einmal der tatsächlichen Kostenentwicklung hinterherhinken.

Bruttomiete

Eine weitere Möglichkeit besteht darin, auf die Ausscheidung von Nebenkosten gänzlich zu verzichten. Alle Leistungen des Vermieters sind dann durch den Mietzins abgegolten. Dieses Vorgehen kann angeraten sein, wenn die Aufstellung einer detaillierten Abrechnung zu zeit- und kostenintensiv ist oder sich die Zuordnung zum einzelnen Mietobjekt als schwierig erweist – *z.B. bei Einzelzimmern und kurzfristig vermieteten Ferienwohnungen.*

Achtung: Dieses nur selten anzutreffende Verfahren kann unter Umständen gegen das Obligatorium betreffend die verbrauchsabhängige, individuelle Heizkostenabrechnung (VHKA) verstossen.

Direktzahlung an Dritte

Es bietet sich aber auch die Möglichkeit an, die Bezahlung der nicht im Nettomietzins inbegriffenen Kosten dem Mieter direkt zu überbinden. Der Mieter ist dann beispielsweise selber für den Einkauf des Brennstoffes oder die Wartung der Heizanlage verantwortlich. Dieses System ist häufig bei vermieteten Einfamilienhäusern anzutreffen. Vielfach wird aber auch bei Wohnungen in Mehrfamilienhäusern vereinbart, dass die Gemeindebetriebe – z.B. für Kehrichtabfuhr, Strom und Wasser – direkt Rechnung an den Mieter stellen.

4.23.2.4 Verteilung der Nebenkosten

Bei der Verteilung der Nebenkosten auf die Mieter hat der Vermieter dem Grundsatz der tatsächlichen Kosten Rechnung zu tragen, wobei der Mieter aus diesem Grundsatz allerdings keinen Anspruch auf Rappenspalterei ableiten kann. Der Vermieter darf sich für einen Verteilschlüssel der Nebenkosten entscheiden, der nicht nur gerecht, sondern auch einfach anzuwenden ist. Der Vermieter sollte zwischen neutralen Nebenkosten – Kosten, die in keinem Zusammenhang mit der Grösse des Mietobjektes stehen (z.B. Kabel-TV-Gebühren) – und verbrauchsabhängiger Nebenkosten (z.B. Wasser- und Abwassergebühren, Kehrichtabfuhrgebühren) unterscheiden. Die Verteilung der neutralen Kosten kann auf alle Wohnungen gleichmässig erfolgen; verbrauchsabhängige Kosten sind nach Massgabe der Raumflächen bzw. der Rauminhalte zu verteilen.

4.23.2.5 Heiz- und Warmwasserkosten

Heiz- und Warmwasserkosten sind die am häufigsten ausgeschiedenen Kosten. Deshalb hat der Gesetzgeber sie besonders ausführlich geregelt und einen Katalog jener Kosten geschaffen, die direkt mit dem Betrieb der Heizungsanlage und der zentralen Warmwasseraufbereitungsanlage zusammenhängen (Art. 5 VMWG). Darunter fallen die Aufwendungen für:

- Brennstoffe und Energie, die verbraucht wurden;
- die Elektrizität zum Betrieb von Brenner und Pumpen;

- die Betriebskosten für Alternativenergien;
- die Reinigung der Heizanlage und des Kamins, das Auskratzen, Ausbrennen und Einölen der Heizkessel sowie die Abfall- und Schlackenbeseitigung;
- die periodische Revision der Heizanlage einschliesslich des Öltanks sowie das Entkalken der Warmwasseranlage, der Boiler und des Leitungsnetzes;
- die Verbrauchserfassung und den Abrechnungsservice für die verbrauchsabhängige Heizkostenabrechnung sowie den Unterhalt der nötigen Apparate;
- die Wartung;
- die Versicherungsprämien, soweit sie sich ausschliesslich auf die Heizungsanlage beziehen;
- die Verwaltungsarbeit, die mit dem Betrieb der Heizungsanlage zusammenhängt.

Die Kosten für die Wartung und die Verwaltung dürfen nach Aufwand oder im Rahmen der üblichen Ansätze angerechnet werden. Die meisten Formularmietverträge enthalten diesbezüglich Regeln. Als Verwaltungskosten sind 3% der gesamten Heizkosten üblich, in einigen Regionen, namentlich in den Kantonen Aargau und Genf, 4%. Bei Gasheizungen sind 2% üblich. In Art. 4 Abs. 3 der Mietrechtsverordnung wird festgehalten, dass der Vermieter die Verwaltungspauschale auch bei anderen Nebenkosten geltend machen kann. Dies gilt selbstverständlich nur bezüglich neben dem Nettomietzins ausdrücklich ausgeschiedener Nebenkosten, über die der Vermieter abrechnet.

Folgende Ansätze können aufgrund von Erfahrungszahlen für die Heizungsbedienung (Wartung) als angemessen bezeichnet werden:

Mit Aussensteuerung	Fr. 30.00 bis 40.00	pro Heizmonat bzw. während des ganzen Jahres bei kombinierter Warmwasseraufbereitungsanlage
Mit manueller Steuerung	Fr. 40.00 bis 50.00	pro Monat
Gasfeuerung	Fr. 35.00 bis 40.00	pro Monat

Wird der Strom für Pumpen und Brenner in Ermangelung eines separaten Zählers pauschal verrechnet, gelten bei einem durchschnittlichen Strompreis von 25 Rp./kWh folgende Jahresrichtwerte:

		Brenner	Umwälz-pumpe	Total
Bei blossen Heizungsanlagen	Liegenschaften bis 6 Wohnungen	80.--	175.--	225.--
	Liegenschaften bis 12 Wohnungen	80.--	210.--	290.--
	Liegenschaften bis 20 Wohnungen	80.--	265.--	345.--
Bei kombinierten Heizungs- und Warmwasseraufbereitungsanlagen	Liegenschaften bis 6 Wohnungen	100.--	225.--	325.--
	Liegenschaften bis 12 Wohnungen	100.--	265.--	365--
	Liegenschaften bis 20 Wohnungen	100.--	335.--	435.--
Gasheizungen	Gebläse-Gasbrennern sind obige Pauschalwerte anzuwenden.			

Nicht als Heizungs- und Warmwasserkosten anrechenbar sind die Aufwendungen für die Reparatur und Erneuerung der Anlagen sowie die Verzinsung und Abschreibung der Anlagen (Art. 6 VMWG). Diese Kosten sind aus dem Nettomietzins zu bestreiten. Gemäss Art. 6a VMWG [eingefügt durch die Verordnungsrevision vom 1. August 1996] darf der Vermieter die tatsächlich anfallenden Kosten in Rechnung stellen, wenn er Heizenergie oder Warmwasser aus einer nicht zur Liegenschaft gehörenden Zentrale, die nicht Teil der Anlagekosten ist, bezieht. Dazu gehören neben den Energiekosten auch die Aufwendungen für die Verzinsung und Abschreibung der ausgelagerten Zentrale.

Der ausziehende Mieter hat keinen Anspruch auf eine vorzeitige Heizkostenabrechnung (sog. Zwischenabrechnung). Diese wird am Ende der Abrechnungsperiode für alle Mieter erstellt. In vielen Mietverträgen befindet sich eine Tabelle, die verbindlich festlegt, wie die Heizkosten bei einem Mieterwechsel auf den bisherigen und den neuen Mieter zu verteilen sind. Durch die Verwendung der Tabellenwerte wird den jahreszeitlich bedingten Energieverbrauchsschwankungen Rechnung getragen. Die Tabellenwerte hängen vom mittleren Jahrestemperaturverlauf ab und variieren von Region zu Region. Für das Mittelland, die Bergregion und das Tessin existieren entsprechende Zahlen, die den durchschnittlichen monatlichen Anteil am Totalwärmeverbrauch ausdrücken.

Monatlicher prozentualer Heizverbrauch

(1 Jahr = 100%)

	Mittelland	Bergregion	Tessin
Januar	17,5	14,0	21,5
Februar	14,5	11,5	17,0
März	13,5	11,5	15,5
April	9,5	9,0	5,0
Mai	3,5	7,0	0,0
Juni	0,0	4,5	0,0
Juli	0,0	1,0	0,0
August	0,0	4,0	0,0
September	1,0	5,5	0,0
Oktober	10,0	8,5	6,0
November	13,5	10,5	15,0
Dezember	17,0	13,0	20,0

Die prozentuale Verteilung bei einer kombinierten Heizungs- und Warmwasseraufbereitungsanlage ergibt für das Mittelland folgende Werte:

Januar	13,6
Februar	12,1
März	11,5
April	9,3
Mai	5,6
Juni	3,7
Juli	3,7
August	3,6
September	3,7
Oktober	9,5
November	10,7
Dezember	13,0

Die vorstehende Tabelle basiert auf der Erfahrungstatsache, dass die Warmwasseraufbereitung ungefähr einem Viertel des totalen Heiz- und Warmwasserverbrauchs entspricht.

4.23.3 Die Verrechnung gegenseitiger Forderungen

Gemäss Art. 265 OR können der Vermieter und der Mieter nicht im Voraus auf das Recht verzichten, Forderungen und Schulden aus dem Mietverhältnis zu verrechnen. Diese Bestimmung hat zwingenden Charakter, d.h. *mietvertragliche Verrechnungsverbotsklauseln, die Forderungen aus dem Mietverhältnis betreffen, sind mithin unzulässig.*

Die Modalitäten der Verrechnung sind in den Art. 120 ff. OR geregelt. Wenn zwei Personen einander Geldsummen oder andere Leistungen, die ihrem Gegenstande nach gleichartig sind, schulden, so kann jede ihre Schuld, insofern beide Forderungen fällig und einklagbar sind, mit ihrer Forderung verrechnen (Art. 120 Abs. 1 OR). Der Schuldner kann die Verrechnung geltend machen, auch wenn seine Gegenforderung bestritten wird (Art. 120 Abs. 2 OR).

Für den Mieter ist die Verrechnung bestrittener Forderungen während des laufenden Mietverhältnisses riskant, muss er doch im Falle einer ungerechtfertigten Verrechnung mit der Zahlungsverzugskündigung im Sinne von Art. 257d OR rechnen. Hat der Vermieter die vom Mieter in Geld oder Wertpapieren geleistete Sicherheitsleistung gesetzeskonform angelegt, kann der Mieter fällige Mietzinszahlungen *nicht* mit der Sicherheitsleistung verrechnen. Eine Verrechnung mit einem eigenen Guthaben ist ausgeschlossen.

4.24 Die Vertragsparteien

4.24.1 Mehrere Mieter (Konkubinat/Wohngemeinschaften)

Mehrere Mieter haften dem Vermieter solidarisch für die Verbindlichkeiten aus dem Mietvertrag, sofern dies ausdrücklich vereinbart wurde. Bei einem Konkubinatspaar werden in der Praxis häufig beide Partner – deren Wunsch entsprechend – im Mietvertrag als Mitmieter aufgeführt. Dies bedeutet, dass ein Konkubinatspartner allein das Mietverhältnis nicht kündigen kann. Er haftet dem Vermieter nach dem Auszug aus dem Mietobjekt weiterhin solidarisch für die Verbindlichkeiten aus dem Mietvertrag. Selbstverständlich haben die Parteien die Möglichkeit, mittels Vereinbarung das Mietverhältnis auf den verbleibenden Mieter zu übertragen. Will der Vermieter kündigen, so muss er ebenfalls beiden Partnern gleichzeitig kündigen.

> **Empfehlung:** *Bei der Vermietung an Wohngemeinschaften ist dem Vermieter zu empfehlen, den Mietvertrag der Einfachheit halber nur mit ein bis zwei Personen abzuschliessen, und von den übrigen Wohnpartnern eine Solidarhaftungsklausel (am Schluss des Mietvertrages) unterzeichen zu lassen. Damit lassen sich rechtliche Probleme beim Auszug nur eines von mehreren Mitmietern vermeiden.*

4.24.2 Ehegatten als Mieter

Schliessen Ehegatten gemeinsam einen Mietvertrag ab, so haften sie auch ohne besondere Vereinbarung solidarisch für den Mietzins (Art. 166 Abs. 2 Ziff. 1 in Verbindung mit Art. 166 Abs. 3 ZGB). Es ist dem Vermieter daher zu empfehlen, im Mietvertrag beide Ehegatten als Mitmieter aufzuführen und diesen von beiden Ehegatten unterzeichnen zu lassen.

4.24.3 Mehrere Vermieter

Auch auf der Vermieterseite kann eine Personenmehrzahl als Vertragspartei auftreten (Erbengemeinschaft, Miteigentümergemeinschaft), die nur gemeinsam über die Mietsache verfügen können.

Handelt es sich bei der Vermieterin um eine Erbengemeinschaft, so muss die Kündigung von allen Erben gewollt sein (Art. 653 Abs. 2 ZGB), wobei die Erbengemeinschaft eines ihrer Mitglieder mit der Aussprechung der Kündigung in ihrem Namen bevollmächtigen kann. Handelt es sich beim Vermieter dagegen um Miteigentümer, so kann die Kündigung von der Mehrheit der Miteigentümer, die zugleich den grösseren Teil der Sache vertritt, beschlossen werden (Art. 647b Abs. 1 ZGB). Auch im Falle des Miteigentums kann ein Stellvertreter mit der Aussprechung der Kündigung betraut werden. Der Mieter muss dem Mietvertrag oder der Kündigung entnehmen können, dass die kündigende Person berechtigt ist, namens der Vermieter die Kündigung auszusprechen.

4.24.4 Natürliche und juristische Personen

Bei den Vertragsparteien kann es sich sowohl um rechtsfähige natürliche Personen, als auch um juristische Personen oder um öffentlich-rechtliche Körperschaften und Anstalten handeln. Vermieter kann auch sein, wer aufgrund eines dinglichen Rechtes über die Sache verfügen kann (z.B. Nutzniessung) oder wer vom Eigentümer mit der treuhänderischen Vermietung in eigenem Namen beauftragt wurde (z.B. Liegenschaftsverwaltung).

4.25 Die Dauer des Mietvertrages

4.25.1 Bestimmte (feste) Vertragsdauer

Will der Vermieter sein Mietobjekt nur für eine zum vornherein begrenzte Zeit vermieten, wird er sinnvollerweise den Mietvertrag nur für diese bestimmte Zeit abschliessen. Dies ist beispielsweise dann der Fall, wenn der Vermieter sein Haus/seine Wohnung im Anschluss an die in fünf Jahren nach Vertragsabschluss anstehende Pensionierung wieder selbst bewohnen will. Der Vertrag ist diesfalls unkündbar und endigt ohne weiteres an dem von den Parteien vereinbarten Termin. Ein derartiges Mietverhältnis bedarf zu seiner Beendigung also keiner Kündigung, was zur Folge hat, *dass ein Kündigungsanfechtungsverfahren im Sinne von Art. 271 f. OR ausgeschlossen ist.* Dem Mieter steht somit nur die Möglichkeit offen, eine Erstreckung des Mietverhältnisses zu verlangen.

> **Empfehlung:** *Der Vermieter sollte im Hinblick auf ein mögliches Erstreckungsverfahren einen allfälligen Grund für die Befristung des Mietverhältnisses im Mietvertrag ausdrücklich anführen.*

4.25.2 Unbestimmte Vertragsdauer (ohne Mindestdauer)

Wird ein Vertrag auf unbestimmte Dauer abgeschlossen, so kann jede Vertragspartei den Vertrag unter Einhaltung der vertraglichen oder gesetzlichen Kündigungsfrist auf den nächstmöglichen vertraglichen oder gesetzlichen Kündigungstermin kündigen. Der Abschluss unbefristeter Mietverträge stellt bei der Vermietung von Wohnungen den Normalfall dar. Der Vermieter eines Einfamilienhauses wird den Mietvertrag in der Regel auf unbestimmte Dauer (ohne Mindestdauer) abschliessen, wenn er sein Haus zwar nicht in absehbarer Zeit selbst bewohnen oder einem Kind überlassen, aus Gründen der Flexibilität dem Mieter aber trotzdem keine Mindestdauer einräumen will. Die Parteien können entweder jedes Monatsende *(empfehlenswerterweise ohne den 31. Dezember)* als Kündigungstermin vereinbaren oder sich für die ortsüblichen Kündigungstermine entscheiden.

4.25.3 Unbestimmte Vertragsdauer mit Mindestdauer

Die Parteien können sich aus unterschiedlichen Beweggründen für einen Mietvertrag von unbestimmter Dauer entscheiden, wobei der erste mögliche Kündigungstermin vertraglich um eine bestimmte Dauer hinausgeschoben wird (Formulierung „jedoch frühestens auf ...").

Beispiel: Vermieter Meier hat einen Sohn, der nach Abschluss des Studiums in das Elternhaus einziehen will. Herr Meier weiss jedoch, dass dies frühestens in drei Jahren der Fall sein wird, weil das Studium des Sohnes noch mindestens drei Jahre dauert. Herr Meier entscheidet sich daher gegen einen Mietvertrag mit einer festen Vertragsdauer von drei Jahren. Er sucht vielmehr einen Mieter, der allenfalls auch an einem längerfristigen Mietverhältnis interessiert ist, falls sich der Studienabschluss des Sohnes verzögern sollte. Herr Meier räumt dem Mieter eine Mindestvertragsdauer (Aufschub des ersten Kündigungstermins) von drei Jahren ein, was bedeutet, dass das Mietverhältnis während dieser Zeit nicht ordentlich gekündigt werden kann. Will eine Partei das Mietverhältnis auf Ende der Mindestdauer beenden, so muss sie - im Gegensatz zum befristeten Mietverhältnis - unter Einhaltung der Kündigungsfrist kündigen. Unterbleibt eine Kündigung, läuft das Mietverhältnis nach Ablauf der Mindestdauer auf unbestimmte Zeit weiter.

4.25.4 Vertragsdauer und Optionsrecht

Der Vermieter kann dem Mieter beim Abschluss (in der Regel befristeter) Mietverträge ein Optionsrecht einräumen. Das Optionsrecht ermächtigt den Mieter, das Mietverhältnis um eine weitere im Mietvertrag festzulegende Anzahl Jahre zu verlängern. Im Mietvertrag sollte festgelegt werden, bis zu welchem Zeitpunkt der Mieter das Optionsrecht ausüben kann. Ohne vertragliche Regelung ist davon auszugehen, dass der Mieter das Optionsrecht bis zum letzten Tag des ursprünglich abgeschlossenen Mietvertrages ausüben kann. *Der Entscheid über die Ausübung des Optionsrechtes steht allein dem Mieter zu.* Der Vermieter hat somit keine rechtliche Handhabe, den Mieter zur Ausübung des Optionsrechtes bzw. zum Verzicht darauf zu zwingen. Fehlt eine Vereinbarung des Inhalts, der Mietzins werde im Falle der Optionsausübung durch den Mieter neu festgelegt, gilt für die Dauer der Option der bisherige Mietzins weiter.

4.25.5 Vertragsdauer und Mietzinsgestaltung

Bei der Wahl der Vertragsdauer hat der Vermieter zu beachten, dass er bezüglich der Vornahme von Mietzinserhöhungen während der festen Vertragsdauer eingeschränkt ist. Der Mietzins eines befristeten Mietverhältnisses über Wohn- und Geschäftsräume kann indexiert werden (Anpassung an den Landesindex der Konsumentenpreise zu 100%), vorausgesetzt, dessen Laufzeit beträgt *mindestens fünf* Jahre. Die Indexierung setzt eine entsprechende Vereinbarung der Parteien voraus. *In der Regel halten die Allgemeinen Vertragsbestimmungen der Formularmietverträge fest, dass der Mietzins als indexiert gilt, sobald im Mietvertrag eine feste Vertragsdauer von fünf und mehr Jahren vereinbart wurde.* Der Vermieter muss sich somit nicht mehr darum kümmern. Mietverträge mit einer festen Vertragsdauer von mindestens drei Jahren können eine Staffelung des Mietzinses vorsehen, wobei allerdings die zukünftigen Mietzinserhöhungen – maximal eine pro Jahr – bereits bei Vertragsabschluss in Frankenbeträgen festgelegt werden müssen. Andere Mietzinserhöhungen sind während der festen Vertragsdauer grundsätzlich ausgeschlossen. *Ausgenommen* sind Mietzinserhöhungen aufgrund wertvermehrender Investitionen (Mehrleistungen des Vermieters), sofern dies im Mietvertrag ausdrücklich vereinbart worden ist.

Bei einem Vertrag auf unbestimmte Dauer kann der Vermieter dem Mieter unter Beachtung der Kündigungsfrist und einer 10-tägigen Mitteilungsfrist auf jeden Kündigungstermin hin Mietzinsanpassungen mitteilen. Es wird sich dabei in der Regel um Mietzinsanpassungen aufgrund der *relativen* Methode handeln (Veränderungen des hypothekarischen Referenzzinssatzes, allgemeine Kostensteigerungen, Kaufkraftsicherung des risikotragenden Kapitals, Mehrleistungen des Vermieters). Mietzinserhöhungen aufgrund der *absoluten* Methode (Nettorendite, kostendeckende Bruttorendite, Orts- und Quartierüblichkeit) *sind im laufenden Mietverhältnis aufgrund der bundesgerichtlichen Rechtsprechung nur zulässig, wenn bei Vertragsabschluss ein entsprechender Vorbehalt in Franken oder Prozenten des Mietzinses angebracht wurde.*

4.26 Die Sicherheitsleistung (Kaution)

Der Vermieter kann vom Mieter beim Abschluss des Mietvertrages eine Kaution verlangen (Art. 257e Abs. 1 OR). Die Sicherheitsleistung ist bei Wohnungsmieten von Gesetzes wegen auf drei Monatsmietzinse begrenzt (Art. 257e Abs. 2 OR). Bei der Geschäftsmiete gibt es keine entsprechende Beschränkung. Die Kaution dient in erster Linie der finanziellen Absicherung von möglichen vom Mieter zu tragenden Instandstellungskosten, welche nach der Rückgabe des Mietobjektes anfallen. Die Vereinbarung einer Kaution ist dem Vermieter daher zu empfehlen, wobei bei der Festlegung der Höhe der finanziellen Leistungsfähigkeit des Mieters Rechnung getragen werden sollte. Fehlt eine entsprechende Vereinbarung, ist keine Sicherheitsleistung geschuldet.

Will der Vermieter in einem laufenden Mietverhältnis neu eine Sicherheitsleistung einführen, so muss der Vermieter dem Mieter diese (einseitige) Vertragsänderung *auf dem kantonal genehmigten Formular zur Mitteilung von Mietzinsanpassungen und anderen einseitigen Vertragsänderungen im Sinne von Art. 269d OR mitteilen.* Dabei sind die gesetzlichen oder vertraglichen Kündigungsfristen und -termine sowie die 10-tägige Mitteilungsfrist zu beachten. Die Einführung kann vom Mieter als rechtsmissbräuchlich angefochten werden. Liegt nachweislich eine Verschlechterung der Zahlungsfähigkeit des Mieters vor oder sind Mieterschäden – Bagatellschäden, die der Mieter im Rahmen des kleinen Unterhaltes sowieso auf eigene Kosten beseitigen muss ausgenommen – festgestellt worden, ist die Neueinführung einer Kaution nicht missbräuchlich.

Eine in Geld geleistete Sicherheit ist vom Vermieter bei einer Bank auf einem Sparkonto (Sperrkonto), das auf den Namen des Mieters lautet, zu hinterlegen. Die Wahl der Bank steht dem Vermieter zu. Dieser ist von Gesetzes wegen zur Vornahme der Hinterlegung verpflichtet und hat – wenn es sich um eine grössere Anzahl von Mietobjekten handelt – auch ein berechtigtes Interesse daran, sämtliche Mieterkonti bei derselben Bank einzurichten, vermindert dies doch den administrativen Aufwand des Vermieters. Der Mieter hat Anspruch darauf, dass eine in Geldform erbrachte Sicherheitsleistung wie ein Sparguthaben verzinst wird. *Bezüglich der Frage, ob die Zinsen vom Mieter auf dem Sperrkonto belassen oder abgehoben werden dürfen, sind die Allgemeinen Bedingungen der Bank massgebend, bei welcher das Sperrkonto errichtet wird.* Vermieter und Mieter können vereinbaren, dass der Zins auf dem Sperrkonto zu verbleiben hat. Die Bank ist allerdings weder an eine derartige Vereinbarung gebunden, noch ist sie verpflichtet, zu überprüfen, ob eine entsprechende Vereinbarung existiert. Hält sich der Mieter nicht an die Vereinbarung, so liegt eine Vertragsverletzung vor. Weil es sich bei den vom Mieter vom Konto abgehobenen Zinsen in aller Regel um kleinere Beträge handelt, wird der Vermieter die Vertragsverletzung wohl kaum mit der Kündigung des Mietverhältnisses ahnden wollen und können, es sei denn, es lägen weitere Gründe vor, die für eine Kündigung sprechen.

Wie sieht es aus, wenn der Mieter die geschuldete Kaution nach Übernahme der Mietsache nicht bezahlt? Der Vermieter kann die Betreibung auf Zahlung oder Sicherheitsleistung einleiten (Art. 38 SchKG), wenn die Kaution vom Mieter in Geld zu leisten ist. Da der Vermieter ein legitimes Interesse hat, dass die geschuldete Kaution tatsächlich hinterlegt wird, riskiert der Mieter zudem die Kündigung des Mietverhältnisses. Der Vermieter kann ein unbefristetes Mietverhältnis ohne Mindestdauer ordentlich, ein befristetes Mietverhältnis oder ein unbefristetes Mietverhältnis mit einer festen Vertragsdauer aus wichtigem Grund im Sinne von Art. 266g OR kündigen.

Achtung: Es ist darauf hinzuweisen, dass der in Art. 257d OR geregelte ausserordentliche Kündigungstatbestand des Zahlungsverzugs des Mieters (Zahlungsfristansetzung von 30 Tagen, verbunden mit einer Kündigungsandrohung im Falle der Nichtbezahlung) nur dann zur Anwendung gelangt, wenn der Mieter mit der Zahlung des Mietzinses und/oder der Nebenkosten im Rückstand ist, nicht aber in den Fällen, in denen der Mieter die Kaution schuldig bleibt.

Es ist dem Vermieter selbstverständlich unbenommen, dem Mieter durch die Vereinbarung von Ratenzahlungen entgegenzukommen.

Die gesetzeskonforme Hinterlegung der Sicherheitsleistung, die vom Mieter jederzeit erzwungen werden kann, hat für den Vermieter den Vorteil, dass die mit der Hinterlegung beauftragte Bank für die Verzinsung aufkommt. Zudem sind Verrechnungseinreden des Mieters für die ganze Dauer der Hinterlegung ausgeschlossen, weil die gesetzeskonform hinterlegte Sicherheitsleistung *im Vermögen des Mieters* steht und nicht eine Gegenforderung ist.

Die Bank darf die hinterlegte Sicherheitsleistung nur mit Zustimmung beider Parteien oder gestützt auf einen rechtskräftigen Zahlungsbefehl oder auf ein rechtskräftiges Gerichturteil herausgeben. Hat der Vermieter innert einem Jahr nach Beendigung des Mietverhältnisses keinen Anspruch gegenüber dem Mieter rechtlich geltend gemacht, so kann dieser von der Bank die Rückerstattung geltend machen (Art. 257e Abs. 3 OR). Aus Abs. 3 kann abgeleitet werden, dass der Vermieter nicht verpflichtet ist, dem Mieter die Kaution nach Rückgabe der Mietsache unverzüglich zurückzugeben. Der Vermieter darf vielmehr abwarten, bis allfällige zu Lasten des Mieters gehende Instandstellungsarbeiten ausgeführt sind und die entsprechenden Abrechnungen (zwecks Verrechnung mit der Kaution) vorliegen. Ein Zuwarten mit der (vollständigen) Rückzahlung der Kaution, lässt sich auch im Hinblick auf eine noch zu erstellende Nebenkostenabrechnung rechtfertigen. Weigert sich der Vermieter allerdings ohne Vorliegen sachlicher Gründe, die Sicherheitsleistung freizugeben, kann der Mieter an die Schlichtungsbehörde gelangen. *Die im Gesetz statuierte Frist von einem Jahr, innert welchem der Vermieter seine Ansprüche geltend machen kann, bedeutet nämlich nicht, dass es im Beleiben des Vermieters steht, die Freigabe der Sicherheitsleistung über Gebühr zu verzögern.*

4.27 Anfechtung des Anfangsmietzinses

Gemäss Art. 270 Abs. 1 OR kann der Mieter den Anfangsmietzins innert 30 Tagen nach Übernahme des Mietobjektes bei der Schlichtungsbehörde als missbräuchlich anfechten, wenn er sich wegen einer persönlichen oder familiären Notlage oder wegen der Verhältnisse auf dem örtlichen Markt zum Vertragsabschluss gezwungen sah (Art. 270 Abs. 1 lit. a OR), oder wenn der Vermieter den Anfangsmietzins gegenüber dem Mietzins des Vormieters erheblich erhöht hat (Art. 270 Abs. 1 lit. b OR). Während der Dauer des Anfechtungsverfahrens muss der Mieter den vertraglich vereinbarten Mietzins bezahlen. Wird der Mietzins vom Richter in der Folge herabgesetzt, entstehen Rückforderungsansprüche des Mieters, die dieser mit Mietzinsforderungen des Vermieters verrechnen kann.

Vom Mieter, der sich auf eine der in Art. 270 Abs. 1 lit. a genannten Gründe beruft, ist zu verlangen, dass er sich vor dem Vertragsabschluss intensiv mit der Suche nach einem seiner Lage entsprechendem Mietobjekt befasst hat. Hat der Mieter dies unterlassen oder hat er gar ein seinen Bedürfnissen entsprechendes Mietobjekt selber gekündigt, kann keine persönliche oder familiäre Notlage angenommen werden. Beruft sich der Mieter auf die örtlichen Marktverhältnisse, so müsste er nachweisen, dass er alles ihm Zumutbare unternommen hat, um ein örtlich und finanziell zumutbares Objekt zu finden, wobei vom Mieter gerade in örtlicher Hinsicht ein flexibles Verhalten verlangt werden muss.

Der Anfangsmietzins kann – ohne Vorliegen weiterer persönlicher Voraussetzungen – angefochten werden, wenn dieser im Vergleich zu dem vom Vormieter geleisteten Mietzins „erheblich" erhöht wurde. Eine *erhebliche Erhöhung* liegt vor, wenn der Vermieter den Mietzins für das gleiche Mietobjekt *um mehr als zehn Prozent* anhebt. Im Rahmen des Anfechtungsverfahrens kann der Anfangsmietzins nur insoweit reduziert werden, als dieser missbräuchlich im Sinne von Art. 269 und 269a OR ist. Nach bundesgerichtlicher Rechtsprechung ist bei der Beurteilung der Missbräuchlichkeit auf die absolute Methode abzustellen. Der Beweis, dass ein missbräuchlicher Anfangsmietzins vereinbart wurde, ist vom Mieter zu erbringen. Der Vermieter ist in denjenigen Kantonen, die ein Formular für die Mitteilung des Anfangsmietzinses vorschreiben, an die Begründung für die Erhöhung des Mietzinses gebunden, die er auf dem Formular aufgeführt hat. In denjenigen Kantonen, in denen keine Formularpflicht besteht, steht es dem Vermieter frei, sich erst im Anfechtungsverfahren auf die Gründe festzulegen, nach denen die Missbräuchlichkeit beurteilt werden soll. Gemäss Art. 256a OR ist der Vermieter allerdings gehalten, dem Mieter auf dessen Verlangen die Höhe des Mietzinses des Vormieters offen zu legen. Zudem ist der Vermieter verpflichtet, alle für die Beurteilung des Falles sachdienlichen Unterlagen beizubringen.

5. Pflichten des Vermieters

5.1 Übergabe- und Instandhaltungspflicht

Gemäss Art. 256 OR ist der Vermieter verpflichtet, dem Mieter das Mietobjekt zum vereinbarten Zeitpunkt in einem zum vorausgesetzten Gebrauch tauglichen Zustand zu übergeben und in demselben zu erhalten.

Der Vermieter ist demnach verpflichtet, dem Mieter die Mietsache rechtzeitig – zum vertraglich vereinbarten Termin – zu übergeben. Die Sache muss für den Zweck tauglich sein, für den sie vermietet wurde. Der *Mietzweck* ergibt sich aus dem Mietvertrag und dessen Auslegung, die sich am Vertrauensprinzip orientiert. Zudem hat der Vermieter dem Mieter für vertraglich zugesicherte Eigenschaften des Mietobjekts gerade zu stehen.

Beispiele:

- zugesicherte Nähe eines Autobahnzubringers oder einer S-Bahn-Station bei der Vermietung eines Geschäftsraumes;
- die versprochene ruhige Lage mit wundervoller Aussicht auf den Lago Maggiore bei der Vermietung einer Ferienwohnung im Tessin.

Gewisse funktionstüchtige Einrichtungen und Installationen sind für die Wohn- und Geschäftsraummiete erforderlich und sind vom Vermieter geschuldet, ohne dass die Vertragsparteien diesbezüglich besondere Vereinbarungen treffen müssten (z.B. sanitäre Einrichtungen, Telephonanschluss, Anschluss an das Stromnetz). So muss der Vermieter während der Dauer des Mietverhältnisses auch die (ausreichende) Zuleitung von Heizwärme, Wasser (Kalt- und Warmwasser) und Energie gewährleisten.

> **Beispiel:** Eine mängelfreie Mietwohnung ist angemessen zu beheizen. Der Mieter hat aufgrund der heutigen Lebensgewohnheiten im Zeitraum von 07.00 bis 23.00 Uhr Anspruch auf eine Durchschnittsraumtemperatur von 20 bis 21 Grad Celsius. Dies gilt auch für Badezimmer. Im Zeitraum zwischen 23.00 und 07.00 Uhr darf die Raumtemperatur nicht unter 15 Grad Celsius fallen. In Alters- und Pflegeheimen wie auch in eigentlichen Alterssiedlungen sollte die Durchschnittsraumtemperatur höher angesetzt werden. Bei Alterswohnungen lassen sich aufgrund der Schlafgewohnheiten älterer Menschen auch andere Heizzeiten rechtfertigen (z.B. 06.00 bis 22.00 Uhr).

Die früher geltende gesetzliche Vermutung, dass der Mieter das Mietobjekt in gutem Zustande übernommen hat, besteht seit Inkrafttreten des geltenden Mietrechts nicht mehr. Macht der Vermieter geltend, dass Mängel am Mietobjekt erst im Verlauf der Mietdauer entstanden sind, so hat er im Streitfall zu beweisen, dass er dem Mieter das Mietobjekt bei Vertragsbeginn mängelfrei übergeben hat.

> **Hinweis:** *Zu Beweiszwecken ist dem Vermieter daher die Erstellung eines Antritts- und Rückgabeprotokolls dringend zu empfehlen.*

Dem Mieter steht ein Einsichtsrecht in das Rückgabeprotokoll des Vormieters zu, sofern ein solches aufgenommen wurde.

Der Vermieter ist darüber hinaus verpflichtet, das Mietobjekt während der Mietdauer instand zu halten. Er hat sich dieser Pflicht bei der Kalkulation des Mietzinses bewusst zu sein. Zum vertragsgemässen Erhalt der Mietsache zählt nebst der Bausubstanz, den Apparaten (Kühlschrank, Backofen, Kochherd etc.) und den übrigen Installationen auch der Unterhalt der gemeinsamen Gebäudeteile (Tiefgarage, Waschküche, Trockenraum, Garten etc.). Bei Wohn- und Geschäftsmieten ist die Instandhaltungspflicht des Vermieters *relativ zwingender Natur*, was zur Folge hat, dass die gesetzliche Ordnung nicht zu Ungunsten des Mieters abgeändert werden darf. Zulässig sind nach wie vor Vereinbarungen, in welchen sich der Mieter zur Übernahme von Instandhaltungsarbeiten – über den kleinen Unterhalt hinaus (vgl. nachfolgend 5.2) – verpflichtet, sofern der Mietzins entsprechend herabgesetzt wird *(sog. Mieterbau)*. In der Praxis finden sich derartige Vereinbarungen vor allem bei der Vermietung von (älteren) Einfamilienhäusern und bei der Vermietung von Geschäftsräumen im Rohzustand. *Entscheidend ist, dass derartige Vereinbarungen schriftlich festgehalten werden.* Dem Mieter muss klar sein, dass der Mietzins tiefer angesetzt wurde, weil damit ihm – dem Mieter – überbundene Instandstellungsarbeiten abgegolten werden.

Wichtig: Der Vermieter sollte sich den reduzierten Mietzinsanteil im Mietvertrag ausdrücklich in Franken oder Prozenten des Mietzinses vorbehalten (Mietzinsreserve im Sinne von Art. 18 VMWG).

5.1.1 Mangel an der Mietsache

Ob ein Mangel vorliegt, ist stets anhand des konkreten Einzelfalles zu ermitteln. Ein Mangel ist aufgrund der vorstehenden Ausführungen in folgenden Fällen gegeben:

- verspätete Übergabe des Mietobjekts
- zugesicherte Eigenschaften oder Einrichtungen fehlen
- erforderliche Einrichtungen oder Installationen sind nicht funktionstüchtig oder fehlen
- Störungen des Mieters von aussen (z.B. Baulärm auf dem Nachbargrundstück)
- Störungen des Mieters durch rücksichtsloses Verhalten von Mitmietern, Umbau im Mietobjekt, etc.

> **Empfehlung:** *Die Rechte des Mieters bei Mängeln des Mietobjektes sind zwingender Natur und können deshalb vertraglich nicht wegbedungen werden. Der Vermieter kann jedoch mit entsprechenden Hinweisen im Mietvertrag eine allfällige richterliche Auslegung beeinflussen, ob ein vom Mieter gerügter Mangel des Mietobjektes vom Vermieter zu vertreten ist oder nicht. Eigenschaften, die dem Mieter allenfalls dienlich sein könnten, im Mietobjekt aber nicht vorhanden sind, sollten im Mietvertrag ausdrücklich aufgelistet werden. Dabei kann es sich selbstverständlich nur um wünschbare Einrichtungen, nicht etwa um erforderliche Einrichtungen und Installationen handeln. So bleibt eine ohne Toilette vermietete Wohnung mit einem vom Vermieter zu vertretenden Mangel behaftet, auch wenn auf das Fehlen der Toilette im Mietvertrag ausdrücklich hingewiesen wurde.*

5.1.2 „Kleiner" Unterhalt

Der Mieter hat gemäss Art. 259 OR Mängel, die durch kleine, für den gewöhnlichen Unterhalt erforderliche Reinigungen oder Ausbesserungen behoben werden können, nach Ortsgebrauch auf eigene Kosten zu beseitigen. Dies hat spätestens bei der Rückgabe des Mietobjektes zu geschehen.

> **Hinweis:** *Kleine Ausbesserungen an ausserhalb der Mietsache liegenden Gebäudeteilen (z.B. kleiner Schaden an der Eingangstüre zur Mietliegenschaft) gehen stets zu Lasten des Vermieters.*

Der Mieter hat für den „kleinen" Unterhalt im Rahmen des Ortsgebrauchs von Gesetzes wegen aufzukommen, ohne dass diesbezüglich im Mietvertrag eine besondere Bestimmung notwendig wäre. *Angesichts der in letzter Zeit stark gestiegenen Unterhaltskosten ist eine Kostengrenze von 150 bis 200 Franken im Einzelfall angemessen.* In erster Linie sind aber der Ortsgebrauch bzw. die in den Formularmietverträgen getroffenen Regelungen massgebend. In den Formularmietverträgen wird denn auch der „kleine" Unterhalt – unabhängig von den Kosten – näher definiert. Der Mieter hat demgemäss in der Regel für folgende Positionen aufzukommen: Instandhalten der Installationen, Armaturen und Apparate in Küche und Bad (Ersetzen von Kuchenblechen, Kühlschrankeinrichtungen, Spiegel, Duschschlauch, WC-Deckel, Ablaufdeckel von Lavabo und Badewanne), Ersetzen von elektrischen Schaltern, Steckdosen, Sicherungen, Rollladen- und Sonnenstorengurten, Schnüren an Zugjalousien, Entkalken von Wohnungsboilern, Entstopfen von Abwasserleitungen bis zur Hauptleitung und ähnliches mehr.

Die darüber hinaus häufig in Formularmietverträgen anzutreffenden Klauseln, wonach Reparaturen zu Lasten des Mieters gehen, wenn sie beispielsweise ein Prozent des Jahresnettomietzinses nicht überschreiten, haben den Vorteil, dass der „kleine" Unterhalt betragsgemäss eindeutig definiert ist. Sie können aber in denjenigen Fällen problematisch sein, wo die Grenze von 150 bis 200 Franken deutlich überschritten wird, weil die Bestimmung des Art. 259 OR relativ zwingender Natur ist, d.h. nicht zu Ungunsten der Mieter abgeändert werden kann. Höhere Ansätze sind allenfalls bei teureren Mietobjekten angezeigt, falls diese mit teureren Vorrichtungen und Materialien ausgestattet ist, für die kleine Reparaturen teurer sein können als in billiger eingerichteten günstigeren Mietobjekten.

Rechnungen für Ausbesserungen und Reinigungen, die den entsprechenden Rahmen nicht überschreiten, müssen somit vom Mieter bezahlt werden. Grössere Rechnungsbeträge sind dagegen vom Vermieter zu begleichen, weil diesem gemäss Art. 256 OR der Unterhalt der Mietsache obliegt. Diese Lösung ist allerdings in all jenen Fällen problematisch, wo der Mieter kleine Ausbesserungen von Drittpersonen vornehmen lässt, was regelmässig mit einem höheren, die Grenze von 150 bis 200 Franken möglicherweise übersteigenden Kostenaufwand verbunden ist. Auch wenn in derartigen Fällen diese Grenze überschritten wird, hat der Mieter für entsprechende Rechnungen aufzukommen. Ansonsten würde der bequeme oder unfähige Mieter, der jede erdenkliche Ausbesserung von Fachleuten vornehmen lässt, ungebührlich bevorzugt. Für die Beurteilung der Kleinheit einer Ausbesserung ist somit neben der Kostenhöhe auch auf die objektive Kleinheit der Ausbesserung abzustellen. *Eine Ausbesserung ist beispielsweise dann nicht mehr objektiv klein, wenn sie nur von einem Fachmann erledigt werden kann und mehr als 150 bis 200 Franken kostet.* Der Vermieter darf dem Mieter bei objektiv nicht mehr kleinen Reinigungen und Ausbesserungen keinen Selbstbehalt auferlegen, sondern hat diesfalls den gesamten Rechnungsbetrag zu begleichen.

5.1.3 Vom Mieter verursachte Mängel

Der Mieter ist – unabhängig von der Höhe der Kosten – für die Behebung von Mängeln verantwortlich, die auf eine unsachgemässe oder übermässige Benutzung des Mietobjektes seinerseits zurückzuführen sind. Bestreitet der Mieter den unsachgemässen Gebrauch, so trifft den Vermieter die Beweislast. Stehen die Reparaturkosten in keinem vernünftigen Verhältnis zu den Kosten einer Ersatzanschaffung, ist auf eine Reparatur zu verzichten. An die Kosten der Ersatzanschaffung nicht zeitbeständiger Sachen zahlt der Mieter grundsätzlich nur noch den Zustandswert.

Beispiel: Durch nachweislich unsachgemässen Gebrauch des Mieters wird der Geschirrspüler beschädigt. Da die Reparaturkosten gemäss Kostenvoranschlag fast so hoch ausfallen würden wie die Anschaffung eines neuen Geschirrspülers, entschliesst sich der Vermieter für eine Ersatzanschaffung. Der defekte Geschirrspüler war bereits seit 10 Jahren in Betrieb. Gemäss der paritätischen Lebensdauertabelle hat ein Geschirrspüler eine Lebenserwartung von 15 Jahren. Der Mieter hat demzufolge nur einen Drittel der Kosten des neuen Geschirrspülers zu übernehmen. Zwei Drittel der Kosten gehen zu Lasten des Vermieters.

Der Mieter hat ferner dem Vermieter den Schaden zu ersetzen, der diesem daraus erwächst, dass der Mieter einen ihm bekannten Mangel (darunter fallen auch Mängel, die dem Mieter bei pflichtgemässer Sorgfalt hätten auffallen müssen), dem Vermieter zu spät oder gar nicht gemeldet hat (Art. 257g OR).

5.1.4 Einbruchsschäden

Wird in ein Mietobjekt eingebrochen und dieses dabei beschädigt, stellt sich die Frage, wer für die Kosten der Schadensbehebung aufzukommen hat. Aufgrund der in Art. 256 OR festgelegten Unterhaltspflicht des Vermieters ist dieser auch verpflichtet, Einbruchsschäden an der Mietsache auf seine Kosten beheben zu lassen (inklusive Wohnungseingangstüre, Balkontüren, Fenster, Fensterläden etc.). Der Mieter müsste für die Kosten nur dann aufkommen, wenn er für den Einbruch verantwortlich wäre, d.h. wenn er beispielsweise zu diesem angestiftet hätte. Der Mieter muss dagegen für die Kosten der Behebung von Schäden an nicht zum Mietobjekt gehörenden Einrichtungsgegenständen (z.B. Mobiliar des Mieters etc.) aufzukommen.

5.1.5 Ausführung von Unterhaltsarbeiten durch den Vermieter

Der Mieter muss Arbeiten des Vermieters (periodischer Unterhalt und Reparaturen) dulden, wenn sie zur Beseitigung von Mängeln oder zur Behebung oder Vermeidung von Schäden notwendig sind (Art. 257h OR). Zwecks Planung und Durchführung von Unterhaltsarbeiten steht dem Vermieter zudem ein Zutrittsrecht in das Mietobjekt zu. *Ohne Einwilligung des Mieters darf der Vermieter das Mietobjekt allerdings nur in Notfällen (z.B. Wasserleitungsbruch) betreten.* In den übrigen Fällen hat der Vermieter dem Mieter frühzeitig über die gewünschte Besichtigung zu orientieren und bei der Festlegung des Termins auf dessen Interessen Rücksicht zu nehmen. Verweigert der Mieter dem Vermieter den Zutritt, so muss dieser die Schlichtungsbehörde oder in dringenden Fällen allenfalls den Befehlsrichter anrufen. Verschafft sich der Vermieter – ausser im vorerwähnten Notfall – ohne Einwilligung des Mieters Zutritt in das Mietobjekt, macht er sich des Hausfriedensbruches schuldig. Selbstverständlich haftet der Mieter für einen allfälligen Schaden, der dem Vermieter durch die Verweigerung des Zutrittes entsteht.

5.2 Rechte des Mieters bei Mängeln am Mietobjekt

5.2.1 Mangelnde Gebrauchstauglichkeit bei Übergabe des Mietobjektes

Art. 258 OR regelt die gesetzlichen Folgen, wenn der Vermieter die Sache mit Mängeln übergibt, welche die Tauglichkeit zum vorausgesetzten Gebrauch ausschliessen oder erheblich beeinträchtigen. Dem Mieter stehen diesfalls zwei Möglichkeiten offen. Er kann entweder nach den Art. 107–109 OR über die Nichterfüllung von Verträgen (Rücktritt vom Vertrag und Schadenersatz) vorgehen (Abs. 1) oder er kann die Sache trotz deren Mangelhaftigkeit übernehmen und auf gehöriger Erfüllung des Vertrages durch den Mieter beharren (Abs. 2). Im letzteren Fall räumt das Gesetz dem Mieter die gleichen rechtlichen Möglichkeiten ein, die ihm bei der Entstehung von Mängeln während der Mietdauer zur Verfügung stehen (Art. 259a–259i OR).

5.2.2 Mangelnde Gebrauchstauglichkeit nach Übergabe des Mietobjektes

Entstehen an der Sache Mängel, die der Mieter weder zu verantworten noch auf eigene Kosten zu beseitigen hat, so kann er gemäss Art. 259a OR verlangen, dass der Vermieter

- den Mangel beseitigt,
- den Mietzins verhältnismässig herabsetzt
- und Schadenersatz leistet.

Der Mieter von Wohn- und Geschäftsräumen kann überdies den Mietzins hinterlegen.

Wenn der Vermieter den Mangel kennt und ihn trotzdem nicht innert angemessener Frist beseitigt, so kann der Mieter entweder fristlos kündigen, wenn der Mangel die Tauglichkeit zum vorausgesetzten Gebrauch ausschliesst oder erheblich beeinträchtigt, oder er kann den Mangel auf Kosten des Vermieters beseitigen lassen, wenn dieser die Gebrauchstauglichkeit zwar vermindert, aber nicht erheblich beeinträchtigt (Art. 259b OR).

Tritt der Mangel somit erst nach Übergabe der Mietsache auf, hat der Mieter den Vermieter über den Mangel in Kenntnis zu setzen und ihm eine angemessene Frist für dessen Behebung einzuräumen. Erst nach unbenütztem Ablauf dieser Frist kann der Mieter nach Art. 259b OR vorgehen.

Keinen Anspruch auf Beseitigung des Mangels hat der Mieter allerdings dann, wenn der Vermieter für die mangelhafte Sache innert angemessener Frist vollwertigen Ersatz leistet (Art. 259c OR). Diese Norm wird bei der Vermietung von Wohn- und Geschäftsräumen eher selten zur Anwendung gelangen, weil entsprechende Ersatzobjekte nicht immer verfügbar sind. *Der Vermieter hat ein vergleichbares Mietobjekt anzubieten, um dem Anspruch des Mieters auf vollwertigen Ersatz Genüge zu tun.* Ein Mietobjekt ist vergleichbar, wenn es in Bezug auf Lage, Grösse, Ausstattung, Zustand und Bauperiode mit dem bisherigen, anfänglich mängelfreien Mietobjekt grosse Ähnlichkeit aufweist. Von einem vollwertigen Ersatz kann zudem nur dann die Rede sein, wenn der Mietzins sich in etwa auf dem gleichen Niveau bewegt. Die Dauer der angemessenen Frist beurteilt sich nach der Art des Mietobjektes und dessen vertraglichem Verwendungszweck. Ob eine Frist angemessen ist oder nicht, muss daher im konkreten Einzelfall entschieden werden.

5.2.2.1 Die Herabsetzung des Mietzinses

Wird die Tauglichkeit des Mietobjektes zum vorausgesetzten Gebrauch beeinträchtigt oder vermindert, so kann der Mieter gemäss Art. 259d OR vom Vermieter verlangen, dass er den Mietzins vom Zeitpunkt, in dem er vom Mangel erfahren hat, bis zur Behebung des Mangels entsprechend (verhältnismässig) herabsetzt.

Im Gegensatz zum alten Mietrecht ist der Herabsetzungsanspruch des Mieters nicht nur beim Vorliegen erheblicher Mängel gegeben. Ausgenommen ist der Herabsetzungsanspruch bei Mängeln, die durch den Mieter verursacht wurden oder von diesem im Rahmen des kleinen Unterhaltes auf dessen Kosten zu beseitigen sind. Bei der Beurteilung der Frage, ob ein weniger bedeutender Mangel bereits die Tauglichkeit der Sache zum vorausgesetzten Gebrauch beeinträchtigt oder vermindert, ist eine gewisse Zurückhaltung angezeigt. Nicht bei jeder noch so kleinen Beeinträchtigung soll der Vermieter verpflichtet sein, den Mietzins reduzieren zu müssen. So ist m.E. nicht nur der Grad, sondern auch die Dauer der Beeinträchtigung bei der Beurteilung heranzuziehen, ob eine Mietzinsreduktion gerechtfertigt ist.

Beispiel: Fällt im Winter infolge eines Defektes die Heizanlage an einem einzigen Tag aus, so liegt zwar eine Beeinträchtigung der Gebrauchstauglichkeit vor. Ein Mietzinsherabsetzungsanspruch für diesen einen Tag ist dagegen zu verneinen.

Rein ästhetische Mängel berechtigen in der Regel ebenfalls nicht zu einer Mietzinsreduktion.

Der Herabsetzungsanspruch des Mieters besteht unabhängig davon, ob der fragliche Mangel vom Vermieter verschuldet wurde oder nicht. Der Mieter kann den Herabsetzungsanspruch zudem kumulativ zum Beseitigungsanspruch geltend machen. Können sich die Parteien nicht auf eine angemessene Mietzinsreduktion einigen und scheitert in der Folge auch ein Einigungsversuch der Schlichtungsbehörde, so hat der Richter aufgrund des konkreten Einzelfalls über die Berechtigung und die allfällige Höhe des Herabsetzungsanspruchs des Mieters zu entscheiden. Der Richter, dem ein erheblicher Ermessensspielraum zur Verfügung steht, hat die Lage des Mietobjekts, dessen Zustand und Ausstattung sowie allfällig vertraglich zugesicherte besondere Eigenschaften zu berücksichtigen. *Für die Minderwertberechnung ist auf objektive Kriterien abzustellen.* So kommt es beispielsweise bei einem Ausfall der Heizung grundsätzlich nicht darauf an, ob sich um einen jungen oder einen alten, einen gesunden oder einen kranken Mieter handelt. Es ist dem Mieter nicht gestattet, den Mietzins eigenmächtig zu reduzieren.

Die Beweislast für das Bestehen des Mangels und die dadurch ausgelöste Beeinträchtigung der Gebrauchstauglichkeit der Mietsache liegt beim Mieter. Der Mieter hat ebenfalls zu beweisen, von welchem Zeitpunkt an der Vermieter Kenntnis des Mangels hatte.

Wenig ergiebig bezüglich der Höhe einer gerechtfertigten Mietzinsherabsetzung ist die bis anhin in der Schweiz publizierte Gerichtspraxis.

> **Beispiele:** Das Kantonsgericht Genf hat entschieden, dass eine genügende Beheizung für die normale Bewirtschaftung eines Restaurants unumgänglich ist, und hat dem betroffenen Mieter für die Dauer der ungenügenden Beheizung eine Mietzinsreduktion von 30 Prozent zugesprochen.
>
> Das Bezirksgericht Rorschach sprach einem Mieter wegen Feuchtigkeitserscheinungen in einem Zimmer der Mietwohnung eine Mietzinsreduktion von 80 Prozent des Zimmermietwerts zu (Wohnungsmietzins geteilt durch Zimmeranzahl multipliziert mit 80%).
>
> Der Mieter wurde durch Lärm und Staub aus einer benachbarten Baustelle in seiner Wohnqualität beeinträchtigt. Das Mietgericht des Kantons Waadt reduzierte den Mietzins der Wohnung für die Dauer der Beeinträchtigung um 35 Prozent. Dies, obwohl die Bauimmissionen sich auf die gesetzlichen Arbeitszeiten beschränkten und der Vermieter keinen Einfluss auf das Ausmass der Störung hatte.

5.2.2.2 Schadenersatz

Der Mieter hat gemäss Art. 259e OR Anspruch auf Ersatz des ihm durch den Mangel zugefügten Schadens, sofern der Vermieter nicht beweisen kann, dass ihn kein Verschulden trifft. Ein Verschulden des Vermieters dürfte in der Regel vorliegen, wenn dieser seiner Unterhalts- und Instandstellungspflicht im Sinne von Art. 256 OR nicht nachkommt. Voraussetzung ist der dem Mieter obliegende Nachweis, dass die Mietsache mangelhaft ist oder war und ein Schaden vorliegt, der wegen des fraglichen Mangels eingetreten ist. Nicht erforderlich ist dagegen, dass der Vermieter vom Mangel Kenntnis hatte. Der Mieter hat den Schaden wenn möglich zahlenmässig zu belegen (z.B. mittels Rechnungen). Ist ein zahlenmässiger Schadensnachweis nicht möglich, weil die Beweisführung dem Mietern nicht zugemutet werden kann oder weil der Mieter sich in einem Beweisnotstand befindet, muss der Richter den Schaden mit Rücksicht auf den gewöhnlichen Lauf der Dinge schätzen (Art. 42 Abs. 2 OR). Bei der Bemessung des Schadens ist zu berücksichtigen, inwieweit Umstände, für die der Mieter einstehen muss, zur Entstehung oder Verschlimmerung des Schadens beigetragen haben, so z.B. bei Unterlassung der gesetzlich vorgeschriebenen Mängelanzeige gemäss Art. 257g OR (Art. 44 Abs. 2 OR).

> **Beispiel:** Durch Feuchtigkeitsschäden in einer Wohnung werden Möbel des Mieters derart beschädigt, dass sie nicht mehr gebraucht werden können. Weil dem Vermieter der Nachweis misslingt, die Feuchtigkeitsschäden seien der mangelhaften Lüftung der Wohnung durch den Mieter zuzuschreiben, wird er dem Mieter schadenersatzpflichtig.

5.2.2.3 Die Hinterlegung des Mietzinses

Der Mieter kann eine Hinterlegung des Mietzinses in Erwägung ziehen, wenn der Vermieter innert der ihm vom Mieter gesetzten Frist keine Mängelbehebung vornimmt (Art. 259g OR). Der Mieter muss dem Vermieter den Mangel schriftlich anzeigen, ihm dafür eine angemessene Frist setzen und ihm die Hinterlegung androhen. Behebt der Vermieter den ihm angezeigten Mangel nicht, kann der Mieter künftig fällig werdende Mietzinse bei einer *vom Kanton bezeichneten Stelle* hinterlegen. Vor der tatsächlichen Hinterlegung muss der Mieter diese dem Vermieter noch einmal schriftlich ankündigen. Mit der Hinterlegung des Mietzinses bei der zuständigen Stelle gilt der Mietzins als *bezahlt*, d.h. der Mieter kommt nicht in Zahlungsverzug. Hinterlegte Mietzinse fallen von Gesetzes wegen dem Vermieter zu, wenn der Mieter seine Ansprüche gegenüber dem Vermieter nicht innert 30 Tagen seit Fälligkeit des ersten hinterlegten Mietzinses bei der Schlichtungsbehörde geltend gemacht hat. Der Vermieter seinerseits kann bei der Schlichtungsbehörde die Herausgabe der zu Unrecht hinterlegten Mietzinse verlangen, sobald ihm der Mieter die Hinterlegung angekündigt hat (Art. 259h OR).

5.2.2.4 Übernahme eines Rechtsstreites

Gemäss Art. 259f OR muss der Vermieter auf Anzeige des Mieters hin den Rechtsstreit übernehmen, wenn ein Dritter Anspruch auf die Mietsache erhebt, welcher die Rechte des Mieters beeinträchtigt. Ein Verschulden des Vermieters ist nicht vorausgesetzt. *Rechte Dritter können nur dingliche Rechte sein, welche schon vor Abschluss des Mietverhältnisses bestanden haben (Eigentum, Wohnrecht, Wegrecht, Baurecht).* Ein Dritter behauptet beispielsweise, Berechtigter eines Wohnrechtes an der Mietwohnung zu sein. Ansprüche aus dem Nachbarrecht (Art. 684 ZGB; kantonale Vorschriften über den Grenzabstand) sind den dinglichen Rechten gleichgestellt. Bei der Geltendmachung eines obligatorischen Rechtes durch einen Dritten gegenüber dem Vermieter ist der Mieter nicht betroffen. So kann z.B. im Falle einer Zweifachvermietung eines Mietobjektes der ausgeschlossene Mieter sowieso nur gegen den Vermieter klagen. Der Mieter, welcher durch sein eigenes Verhalten einen Rechtsstreit verursacht, kann sich selbstverständlich nicht auf Art. 259f OR berufen. Die Bestimmung des Art. 259f OR bisher in der Gerichtspraxis keine Bedeutung erlangt.

6. Erneuerungen und Änderungen des Mietobjektes

6.1 Erneuerungen und Änderungen durch den Vermieter

Gemäss Art. 260 OR kann der Vermieter Erneuerungen und Änderungen an der Mietsache nur unter folgenden Voraussetzungen vornehmen:

- die Arbeiten bzw. die damit zusammenhängenden Störungen müssen für die Mieter zumutbar sein

- es darf kein gekündigtes Mietverhältnis vorliegen.

Nicht unter die Bestimmung von Art. 260 OR fallen periodische Unterhaltsarbeiten und Reparaturen, die der Erhaltung des Zustandswertes der Mietsache dienen. Der Mieter muss derartige Arbeiten dulden. Er muss dem Vermieter zu diesem Zweck zudem den Zutritt in das Mietobjekt gestatten (vgl. 5.1.5).

Sind die obgenannten Voraussetzungen gegeben, hat der Vermieter einen gesetzlichen Anspruch auf Durchführung der Erneuerungs- bzw.

Änderungsarbeiten. Weil der Vermieter verpflichtet ist, bei der Ausführung der Arbeiten auf die (berechtigten) Interessen des Mieters Rücksicht zu nehmen, ist es für den Vermieter unerlässlich, den Mieter frühzeitig über die geplanten Arbeiten, deren Dauer und die zu erwartenden Beeinträchtigungen zu orientieren. Umfassen die Arbeiten wertvermehrende Investitionen, ist der Mieter auch über eine geplante Mietzinserhöhung in Kenntnis zu setzen. Eine spätere Mietzinserhöhung ist dem Mieter auf einem vom Kanton – in dem das Mietobjekt liegt – genehmigten Formular mitzuteilen.

> **Anmerkung:** *Der Vermieter hat dafür besorgt zu sein, dass der Mieter im Gebrauch der Sache möglichst wenig behindert wird. So dürfen beispielsweise Fenster und Heizungsanlagen ohne zwingenden Grund nicht im Winter saniert werden. Mittags-, Abend- und Sonntagsruhezeiten sind während der Dauer der Arbeiten zu beachten.*

6.1.1 Zumutbarkeit der Arbeiten

Da Erneuerungen und Änderungen oft über reine Mängelbeseitigungen hinausgehen – vielfach dienen sie auch der Modernisierung des Mietobjektes – ist die Frage der Zumutbarkeit im Einzelfall zu beurteilen. Deren Nützlichkeit, deren Auswirkung auf den Mietzins und die dem Mieter entstehenden Belästigungen sowie die Mietdauer können zur Beurteilung dieser Frage herangezogen werden. Die Beeinträchtigung des Gebrauchs während des Umbaus fällt als Kriterium nur dann ins Gewicht, wenn sie in zeitlicher und sachlicher Hinsicht massiv ist und auch durch die dem Mieter zustehende Mietzinsreduktion nicht ausgeglichen werden kann. Der Mieter hat denn auch bei Beeinträchtigungen durch berechtigte Erneuerungs- und Änderungsarbeiten unter Umständen Anspruch auf *eine verhältnismässige Mietzinsreduktion und Schadenersatz*. Eine solche wird in Art. 260 Abs. 2 OR ausdrücklich vorbehalten. Weitere Mängelrechte sind wegen der in Art. 260 Abs. 1 OR verankerten *Duldungspflicht des Mieters* ausgeschlossen. Periodische Unterhaltsarbeiten und Reparaturen führen nur in seltenen Fällen zu einem Mietzinsreduktionsanspruch des Mieters.

6.1.2 Ungekündigtes Mietverhältnis

Im gekündigten Mietverhältnis sind Erneuerungen und Änderungen ohne ausdrückliche Einwilligung des Mieters grundsätzlich unzulässig, und zwar auch dann, wenn der Mieter das Mietverhältnis nach der Orientierung über die Sanierungsvorhaben des Vermieters gekündigt hat. Die Orientierung des Mieters hat deshalb frühzeitig zu erfolgen, muss doch der Vermieter damit rechnen, dass der Mieter bei einem nicht genehmen Sanierungsvorhaben das Mietobjekt kündigt. *Bei dringenden Sanierungen greift Art. 260 OR allerdings nicht.* Ist beispielsweise eine Heizungssanierung aufgrund gesetzlicher Bestimmungen angezeigt oder erweist sich eine solche aus anderen Gründen als dringend, darf der Vermieter diese Arbeiten auch während eines gekündigten Mietverhältnisses in Angriff nehmen, was in einer Liegenschaft mit einem häufigen Mieterwechsel unumgänglich sein kann.

> **Hinweis:** *Stellt der Mieter bei einer Kündigung durch den Vermieter ein Erstreckungsbegehren, so ist im entsprechenden Verfahren zu beantragen, der Mieter sei zur Duldung des Sanierungsvorhabens im Laufe des erstreckten Mietverhältnisses zu verpflichten. Ist die geplante Sanierung nicht schikanöser Natur, darf dem Mieter in einem erstreckten Mietverhältnis ohne weiteres ein gewisses Ausmass an Störungen zugemutet werden.*

6.1.3 Einseitige Vertragsänderung durch den Vermieter

Änderungen der Mietsache, die der Mieter gestützt auf Art. 260 OR dulden muss, können – im Gegensatz zu Erneuerungen – zu einer dauernden Verminderung der vertraglich vereinbarten Leistungen des Vermieters oder zu einer Erhöhung der Leistungspflicht des Mieters führen. Zu denken ist etwa an eine Verkleinerung des Fahrradabstellraumes infolge einer Liftinstallation oder an eine Reduktion der Gartenfläche infolge einer Garagenvergrösserung. Bei der Miete von Wohn- und Geschäftsräumen muss der Vermieter solche Änderungen im Sinne *einer einseitigen Vertragsänderung dem Mieter im Voraus gestützt auf Art. 269d Abs. 3 OR auf einem vom Kanton genehmigten Formular für die Mitteilung von Mietzinsanpassungen und anderen einseitigen Forderungen des Vermieters bekannt geben.* Der Vermieter muss dabei die vertraglichen oder gesetzlichen Kündigungsfristen und -termine sowie die 10-tägige Mitteilungsfrist zwingend beachten. Können sich die Parteien dagegen einvernehmlich auf die Änderung einigen, entfällt die Anzeigepflicht mittels Formular. Ob der Mieter die ihm angezeigte Änderung dulden muss, ist nach den in Art. 260 OR umschriebenen Voraussetzungen zu beurteilen.

6.2 Erneuerungen und Änderungen durch den Mieter

Bei der Miete sind grundsätzlich Veränderungen und Erneuerungen durch den Mieter ausgeschlossen. Bei der Mängelbehebung von vom Mieter verursachten Schäden am Mietobjekt sowie bei Reparaturen im Rahmen des „kleinen" Unterhaltes gemäss Art. 259 OR handelt es sich nicht um Änderungen und Erneuerungen im Sinne von Art. 260a OR. Der Mieter darf Erneuerungen und Änderungen nur mit schriftlicher Zustimmung des Vermieters vornehmen. Nimmt der Mieter derartige Arbeiten ohne schriftliche Zustimmung des Vermieters vor, so muss der Mieter diese spätestens bei der Rückgabe der Mietsache auf eigene Kosten beseitigen, und zwar so, dass die Mietsache wieder ihren vertragsgemässen ursprünglichen Zustand aufweist. *Da unbewilligte Änderungen/Erneuerungen am Mietobjekt eine Vertragsverletzung darstellen, kann der Vermieter derartige Arbeiten jederzeit verbieten bzw. durch den Richter stoppen.* Der Vermieter kann zudem bezüglich bereits ausgeführter Änderungen/Erneuerungen deren sofortige Rückgängigmachung verlangen. Der Mieter riskiert zudem die (ordentliche oder in schwerwiegenden Fällen ausserordentliche) Kündigung des Mietverhältnisses. Eine Kündigung ist allerdings nicht angezeigt, wenn es sich bei den Änderungen/Erneuerungen um Bagatellen handelt, die objektiv betrachtet weder die Mietsache schädigen noch einen Mangel an der Mietsache verursachen.

Erteilt der Vermieter hingegen seine (schriftliche) Zustimmung, so kann er die Wiederherstellung des ursprünglichen Zustandes nur dann verlangen, wenn die Parteien dies in einer Vereinbarung, die in Schriftform abgefasst sein muss, ausdrücklich festgehalten haben. Es genügt also nicht, wenn der Vermieter den Mieter in einem einseitig unterzeichneten Schreiben – z.B. im Schreiben, mit welchem er diesem die gewünschte Änderung/Erneuerung bewilligt – zur Wiederherstellung des ursprünglichen Zustandes verpflichtet.

Bei vom Mieter mit schriftlicher Zustimmung des Vermieters vorgenommenen Änderungen und Erneuerungen schuldet der Vermieter dem Mieter grundsätzlich eine Entschädigung

- sofern die Mietsache dank derartiger Arbeiten einen erheblichen Mehrwert aufweist

- und sofern die Parteien nicht die Wiederherstellung des ursprünglichen Zustandes vereinbart haben.

Eine Entschädigung ist mithin nur geschuldet, wenn das Mietobjekt bei Mietende einen erheblichen Mehrwert aufweist. Es liegen bis heute keine höchstrichterlichen Entscheide vor, die präzisieren, wann von einem erheblichen Mehrwert auszugehen ist. Der Mehrwert muss zudem in objektiver Hinsicht dem Vermieter von Nutzen sein. Dies setzt voraus, dass die vom Mieter getätigten Investitionen bei Mietende dazu führen, dass der Vermieter vom neuen Mieter einen höheren Mietzins verlangen kann. Luxuriöse oder ästhetisch motivierte Investitionen führen in der Regel zu keiner objektiven Wertsteigerung.

Nach einem Entscheid des Bundesgerichtes ist Art. 260a Abs. 3 OR dispositiver Natur, d.h. die Vertragsparteien können einen Entschädigungsanspruch des Mieters mittels Vereinbarung rechtsgültig ausschliessen. *Unzulässig* sind dagegen Vereinbarungen, mittels derer der Vermieter ihm obliegende Unterhaltsarbeiten und Reparaturen entschädigungslos dem Mieter überwälzt, ohne dass der Mietzins entsprechend herabgesetzt wird (vgl. 5.1).

7. Pflichten des Mieters

7.1 Zahlung des Mietzinses und der Nebenkosten

Der Mieter schuldet dem Vermieter als Entgelt für die Überlassung des Mietobjekts den Mietzins (Art. 257 OR). Liegt eine entsprechende besondere Vereinbarung vor, schuldet der Mieter dem Vermieter nebst dem Nettomietzins auch Nebenkosten. Bei Wohn- und Geschäftsräumen sind die Nebenkosten die tatsächlichen Aufwendungen des Vermieters für Leistungen, die mit dem Gebrauch der Mietsache zusammenhängen, wie Heizungs-, Warmwasser- und ähnliche Betriebskosten, sowie für öffentliche Abgaben, die sich aus dem Gebrauch der Sache ergeben (Art. 257a und 257b OR).

Gemäss Art. 257c OR muss der Mieter den Mietzins und allfällige Nebenkosten am Ende jeden Monats bezahlen, spätestens aber bei Beendigung des Mietverhältnisses bezahlen, wenn kein anderer Zeitpunkt vereinbart oder ortsüblich ist.

In der Praxis sehen *die meisten Mietverträge* – so auch die Formularmietverträge der Hauseigentümerverbände – *die monatliche Vorauszahlung* vor. Der Mietzins ist somit nicht nur periodisch geschuldet, sondern auch im Voraus, d.h. am Ende des Vormonats, zu bezahlen.

Der Mieter ist verpflichtet, den Mietzins regelmässig und pünktlich zu bezahlen. Überlässt der Vermieter dem Mieter für die Bezahlung des Mietzinses Einzahlungsscheine der Post, ist davon auszugehen, dass der Mieter seine Zahlungspflicht rechtzeitig erfüllt hat, wenn er den Mietzins am im Vertrag vereinbarten Fälligkeitstermin bei einer Poststelle mittels des ihm abgegebenen Einzahlungsscheins bezahlt.

7.1.1 Betreibung

Zahlt der Mieter Mietzins und Nebenkosten nicht, kann der Vermieter die Betreibung einleiten. Bei der Vereinbarung eines Zahlungstermins („zahlbar monatlich im Voraus") kann der Vermieter *ohne Mahnung* betreiben, weil mit einer entsprechenden Zahlungsterminvereinbarung im Mietvertrag ein Verfalltag im Sinne von Art. 102 Abs. 2 OR gegeben ist. Es ist dem Vermieter allerdings zu empfehlen, vor der Betreibungseinleitung ein klärendes Gespräch mit dem Mieter zu führen. Unter Umständen lassen sich dadurch die stets mit einer Betreibung verbundenen Umtriebe vermeiden. Entscheidet sich der Vermieter für ein Betreibungsverfahren, dann sollte er auch willens sein, das Verfahren bis zur Pfandverwertung bzw. Konkurseröffnung durchzuziehen.

Will der Vermieter den ausstehenden Mietzins auf dem Betreibungsweg einfordern, so reicht er beim zuständigen Betreibungsamt am Wohnsitz des Mieters ein entsprechendes Begehren ein. Das Schuldbetreibungs- und Konkursgesetz (SchKG) regelt in den Art. 46 ff. besondere Betreibungsorte, die in den dort geregelten Ausnahmefällen zur Anwendung gelangen.

Das Betreibungsamt lässt dem Mieter daraufhin einen Zahlungsbefehl zustellen. Bestreitet der Mieter die Schuld, so erhebt er gegen den Zahlungsbefehl Rechtsvorschlag (Art. 74 ff. SchKG). Der Rechtsvorschlag ist entweder auf dem an das Betreibungsamt zurückgehenden Zahlungsbefehl anzumerken oder innert zehn Tagen nach dessen Zustellung dem Betreibungsamt mündlich oder schriftlich zu erklären. Der Rechtsvorschlag bedarf keiner Begründung. Wer ihn trotzdem begründet, verzichtet von Gesetzes wegen nicht auf weitere Einreden. Nach erfolgtem

Rechtsvorschlag muss der Vermieter sich zur Fortführung der Betreibung zwecks Rechtsöffnung an den zuständigen Richter wenden (Art. 79 ff. SchKG).

Die provisorische Rechtsöffnung wird erteilt, wenn der Vermieter seine Forderung auf einen schriftlichen Mietvertrag (Schuldanerkennung) abstützen kann und der Mieter nicht sofort glaubhaft darlegen kann, die Forderung des Vermieters nicht zu schulden (der Mietzins ist bereits bezahlt; der Mietzins ist bei der zuständigen kantonalen Stelle hinterlegt worden; die Mietzinsforderung ist bereits verjährt; der Mieter verrechnet die Mietzinsforderung mit einer fälligen geldwerten Gegenforderung). Kann keine provisorische Rechtsöffnung verlangt werden, muss sich der Vermieter um eine definitive Rechtsöffnung bemühen (gerichtliches Urteil bzw. gerichtlicher Vergleich).

Bei Erteilung einer provisorischen Rechtsöffnung kann der Vermieter nur die provisorische Pfändung gemäss Art. 83 SchKG verlangen. Der Mieter kann indessen gemäss Art. 83 SchKG innert 20 Tagen nach der Rechtsöffnung auf dem Weg des ordentlichen Prozesses beim Gericht des Betreibungsortes auf Aberkennung der Forderung klagen. Unterlässt er dies oder wird die Aberkennungsklage abgewiesen, so werden die Rechtsöffnung sowie gegebenenfalls die provisorische Pfändung definitiv.

Ist die Betreibung nicht durch Rechtsvorschlag oder durch gerichtlichen Entscheid eingestellt worden, so kann der Vermieter frühestens 20 Tage nach der Zustellung des Zahlungsbefehls das Fortsetzungsbegehren stellen. Das Recht auf Fortsetzung der Betreibung erlischt ein Jahr nach der Zustellung des Zahlungsbefehls. Ist Rechtsvorschlag erhoben worden, so steht diese Frist zwischen der Einleitung und der Erledigung eines dadurch veranlassten Gerichtsverfahrens still (Art. 88 SchKG). Das Fortsetzungsbegehren hat die Betreibung auf Pfandverwertung oder Konkurs zur Folge.

Anmerkung: *Die sogenannte Mietzinsbetreibung (Verbindung des Betreibungsbegehrens mit der Androhung, dass der Mietvertrag bei Nichtbezahlung der ausstehenden Mietzinse innert 30 Tagen aufgelöst wird) ist mit der Revision des Mietrechts aus dem Schuldbetreibungs- und Konkursgesetz gestrichen worden („schnelles Mietrecht"). Die Betreibung hat demgemäss nach geltendem Recht nicht mehr die Auflösung*

> *des Mietvertrages zur Folge. Will der Vermieter dem Mieter bei Zahlungsverzug vorzeitig kündigen, so hat er nach der Bestimmung von Art. 257d OR vorzugehen (vgl. 11.1).*

7.1.2 Das Retentionsrecht des Vermieters

Das in den Art. 268–268b OR geregelte Retentionsrecht steht seit Inkrafttreten des neuen Mietrechts nur noch dem Vermieter von Geschäftsräumen zur Verfügung. Das Retentionsrecht dient dem Vermieter zur Sicherung eines verfallenen Jahreszinses und des laufenden Halbjahreszinses. Es handelt sich beim Retentionsrecht um ein besonderes gesetzliches Pfandrecht an beweglichen Sachen im Mietobjekt, die zu dessen Einrichtung oder Benutzung gehören. Das Retentionsrecht bezieht sich nicht auf Gegenstände, die gemäss Art. 92 SchKG unpfändbar sind. *Die Rechte Dritter an Sachen, von denen der Vermieter wusste oder wissen musste, dass sie nicht dem Mieter gehören, sowie an gestohlenen, verlorenen oder sonstwie abhanden gekommenen Sachen gehen dem Retentionsrecht vor.*

Das Retentionsrecht entsteht mit dem Einbringen von entsprechenden Gegenständen in die Geschäftsmieträume. Unter folgenden Voraussetzungen kann das Retentionsrecht ausgeübt werden:

- der Mieter befindet sich mit der Zahlung von Mietzinsen und/oder Nebenkosten im Rückstand;
- der Mieter beabsichtigt, vor Ablauf des Mietverhältnisses wegzuziehen;
- der Mieter beabsichtigt die heimliche oder gewaltsame Fortschaffung von Gegenständen aus dem Mietobjekt.

Heimlich oder gewaltsam fortgeschaffte Gegenstände können innert zehn Tagen seit der Fortschaffung mit polizeilicher Hilfe in die vermieteten Räume zurückgebracht werden, sofern eruierbar ist, wohin die Gegenstände verbracht worden sind (Art. 268b Abs. 2 OR; Art. 284 SchKG).

Der Vermieter kann – auch wenn keine Betreibung angehoben ist – zur einstweiligen Wahrung seines Retentionsrechtes die Hilfe des Betreibungsamtes beanspruchen. Das Betreibungsamt erstellt ein Verzeichnis der dem Retentionsrecht unterliegenden Gegenstände und setzt dem Vermieter eine Frist zur Anhebung der *Betreibung auf Pfandverwertung*

(Art. 283 SchKG). Die Frist beträgt 10 Tage. Befinden sich im Mietobjekt verwertbare Gegenstände, die nicht der sofortigen Sicherung bedürfen, ist die Verbindung des Betreibungsbegehrens mit dem Retentionsbegehren zu empfehlen, da dies die Pfändungsverwertung beschleunigt.

7.1.3 Vorzeitige Kündigung bei Zahlungsverzug des Mieters

Gerät der Mieter in Zahlungsverzug so kann der Vermieter – neben der Einleitung der Betreibung – das Mietverhältnis vorzeitig kündigen. Das Verfahren wird in Art. 257d OR geregelt. Nähere Ausführungen zur vorzeitigen Kündigung bei Zahlungsverzug finden sich im Kapitel 11 (siehe 11.1).

7.2 Sorgfalts- und Rücksichtnahmepflicht des Mieters

7.2.1 Sorgfältiger und vertragsgemässer Gebrauch

Der Mieter ist gemäss Art. 257f OR verpflichtet, der Mietsache gebührend Sorge zu tragen. Der Mieter darf die Mietsache zudem nicht vertragswidrig bzw. bestimmungswidrig gebrauchen. Der Mieter einer Wohnung darf beispielsweise ohne Einwilligung des Vermieters kein Gewerbe in der Wohnung betreiben. *Mit der Pflicht zum sorgfältigen und vertragsgemässen Gebrauch stehen die weiteren Pflichten des Mieters zur Rücksichtnahme auf die Hausbewohner und Nachbarn (Art. 257f Abs. 2 OR), zur Meldung von Mängeln (Art. 257g Abs. 1 OR), zur Duldung von Unterhaltsarbeiten und Reparaturen sowie diesbezüglichen Besichtigungen des Mietobjektes durch den Vermieter (Art. 257h OR) sowie zur selbständigen Ausführung von kleinen Reinigungen und Ausbesserungen (Art. 259 OR) in Zusammenhang,* weil sie das Ausmass der Sorgfaltspflicht verdeutlichen. Der Mieter ist ebenfalls für das Verhalten seiner Hilfspersonen, Untermieter und Hausgenossen verantwortlich (Art. 101 OR, Art. 333 ZGB). Zudem ist der Mieter für die von ihm gehaltenen Haustiere verantwortlich.

Da das Gesetz die Sorgfalts- und Rücksichtnahmepflichten des Mieters nicht näher umschreibt, sind diese dem Mietvertrag (zuzüglich einer allfälligen Hausordnung) zu entnehmen. Der sorgfältige Gebrauch erstreckt sich beispielsweise bei einer Wohnraummiete nicht nur auf die Wohnung, sondern auch auf alle gemeinsam benutzbaren Einrichtungen und Räume (Waschmaschine, Tumbler, Lift, Garage etc.). Für die Beantwortung der Frage, was sorgfältiger und vertragskonformer Gebrauch bedeutet, ist neben den Vertragsbestimmungen und der Hausordnung auf den üblichen Gebrauch eines Mietobjektes abzustellen. Daraus folgt einerseits, dass der Mieter die Mietsache auch ohne besondere vertragliche Regelungen im üblichen Rahmen sorgfältig zu behandeln hat. Es ist dem Vermieter unbenommen, das Mass der Sorgfalt im Mietvertrag durch die Festlegung von gewünschten Sorgfaltsregeln und Verhaltensweisen zu konkretisieren. Er kann jedoch dem Mieter den üblichen, aus dem Wohnrecht des Mieters fliessenden, Gebrauch der Mietsache nicht verunmöglichen.

Beispiel: Eine Bestimmung im Mietvertrag, die dem Mieter den Empfang von Besuchern nach 20.00 Uhr verbietet, würde dem Mieter den üblichen Gebrauch der Wohnung übermässig beschneiden und wäre deshalb unbeachtlich.

Der Vermieter darf dagegen beispielsweise das Waschen in der Wohnung (ausgenommen die Kleinwäsche) verbieten, wenn eine anderweitige Waschgelegenheit zur Verfügung steht. Ebenso darf er die Haltung von Haustieren (ausgenommen Kleinsttiere wie Goldfische, Hamster etc.) ganz verbieten oder an die Erteilung einer Bewilligung knüpfen, die nur auf Zusehen hin erteilt werden kann. *Das Halten von Hunden und Katzen in Mietwohnungen stellt nach ständiger Rechtsprechung keinen Ausfluss aus dem Wohnrecht des Mieters dar.* Enthält der Mietvertrag allerdings keine entsprechende Klausel, darf der Mieter davon ausgehen, dass das Halten einer Katze oder eines Hundes in einer Wohnung dem üblichen Gebrauch entspricht (vgl. zur Haustierhaltung 4.11).

Der Sorgfaltspflicht ist Genüge getan, wenn der Mieter die Mietsache nicht übermässig abnutzt und die zu ihr gehörenden Einrichtungen richtig bedient, reinigt und unterhält. Die normale Abnutzung des Mietobjekts und dessen Einrichtungen stellt kein sorgfaltswidriges Verhalten des Mieters dar.

7.2.2 Pflicht zur Rücksichtnahme

Die Pflicht des Mieters zur Rücksichtnahme besagt – wie die Sorgfaltspflicht – dass die Mieterrechte schonend auszuüben sind. Der Umfang dieser Pflicht ergibt sich im Bereich des Nachbarrechtes aus dem Gesetz (Art. 684 ff. ZGB; kantonale Einführungsgesetze zum Zivilgesetzbuch). Bezüglich des Umgangs mit den übrigen Hausbewohnern sind ferner vertragliche Regelungen (inklusive Hausordnung), aber auch die allgemeinen Anschauungen betreffend gute Sitten und Anstand massgebend. Wie im Nachbarrecht so ist auch bei mietrechtlichen Streitigkeiten im konkreten Fall darauf abzustellen, ob Immissionen irgendwelcher Art (Lärm, Rauch, Dünste etc.) übermässig sind. *Der Mieter kann sich nur gegen übermässige Immissionen zur Wehr setzen.*

> **Hinweis:** *Bei der Beurteilung der Übermässigkeit ist auf die Empfindlichkeit des Durchschnittsmenschen abzustellen. Subjektive Empfindlichkeiten eines Mieters können keine Berücksichtigung finden.*

Gerade in einem Mehrfamilienhaus kann nicht jede Beeinträchtigung eines Mieters durch einen Mitmieter eine Verletzung der Pflicht zur Rücksichtnahme darstellen. Wer in eine Wohnung einzieht, muss mit gewissen Einschränkungen leben können. So stellt beispielsweise das Musizieren ausserhalb der Ruhezeiten in gemässigter Lautstärke (bei geschlossenen Fenstern) keine Verletzung der Rücksichtnahmepflicht dar.

7.2.3 Folgen einer Vertragsverletzung durch den Mieter

Nicht jeder Verletzung der Sorgfalts- bzw. Rücksichtnahmepflicht kommt die gleiche Bedeutung zu. Nicht jede kleinste Verletzung rechtfertigt die Sanktion der Kündigung durch den Vermieter. Ferner können nur schwerwiegende Pflichtverletzungen des Mieters eine vorzeitige Kündigung des Mietverhältnisses im Sinne von Art. 257f Abs. 3 OR rechtfertigen (siehe dazu 11.2). Entscheidend ist in diesem Zusammenhang auch das Verhalten des Vermieters. Toleriert er während längerer Zeit wissentlich Vertragsverletzungen durch den Mieter, kann er später wohl kaum gestützt auf eine gleichartige Pflichtverletzung mit der Auflösung des Mietverhältnisses reagieren. Ebenso wenig dürfte ein Vermieter gegenüber einem Mieter ein Hundehaltungsverbot durchsetzen können, wenn er anderen Mietern in derselben Mietliegenschaft die Hundehaltung zuvor gestattet hatte, es sei denn, der Vermieter hätte für das Hundehaltungsverbot sinnvolle Gründe.

> **Empfehlung:** *Bei der Tierhaltung ist dem Vermieter eine konsequente Haltung zu empfehlen (z.B. keine Hunde und Katzen, nur Katzen, nur Hunde, nur kleine Hunde, eine beschränkte Anzahl von Tieren pro Liegenschaft). Er sollte also nicht der einen Mieterin die Haltung eines Minihundes erlauben, und einer anderen Mieterin die Haltung eines ähnlich grossen Hundes ohne Angaben von Gründen untersagen. Selbstverständlich kann ein Mieter aus der einem Mitmieter erteilten Bewilligung*

> *eines Minihundes keinen Anspruch auf die Haltung eines grossen Hundes ableiten.*

8. Untervermietung des Mietverhältnisses

Der Mieter kann gemäss Art. 262 OR die Mietsache mit Zustimmung des Vermieters ganz oder teilweise untervermieten. Die Untermieter ist wie die Hauptmiete ein entgeltlicher Vertrag, d.h. die Vereinbarung eines Mietzinses ist zwingend für die Existenz eines Untermietvertrages. Da der Mieter die Mietsache ganz oder teilweise untervermieten kann, sind die verschiedensten Formen der Untermiete denkbar. So können z.B. nur ein Zimmer, eine Etage in einem Einfamilienhaus, einzelne Teile eines Kellerraums oder einzelne Autoabstellplätze in einer Tiefgarage untervermietet werden. Die Zustimmung des Vermieters ist an keine bestimmte Form gebunden. Das Vorliegen der Zustimmung des Vermieters stellt zudem kein Gültigkeitserfordernis für das Untermietverhältnis dar. Ein Mieter, der einen Untermietvertrag ohne Vorbehalt der Zustimmung durch den Vermieter abschliesst, muss mit Schadenersatzforderungen des Untermieters rechnen, sollte der Vermieter die Zustimmung berechtigterweise verweigern. Der Vermieter kann seine Zustimmung nur unter ganz bestimmten, im Gesetz abschliessend geregelten Voraussetzungen verweigern. Da Art. 262 OR zwingender Natur ist, kann die Untermiete auch nicht vertraglich ausgeschlossen werden. Der Empfang von Gästen, die zeitweilige Aufnahme von Gästen aber auch der Zuzug eines Lebenspartners oder einer Lebenspartnerin fällt nicht unter die Untermiete.

8.1 Verweigerung der Zustimmung durch den Vermieter

Die Verweigerung der Zustimmung durch den Vermieter ist nur rechtsgültig, wenn der Vermieter alternativ einen der folgenden Gründe für die Verweigerung anführen kann:

- Der Mieter weigert sich, dem Vermieter die Bedingungen des Untermietvertrages bekannt zu geben.
- Die Bedingungen des Untermietvertrages sind im Vergleich zum Hauptmietvertrag missbräuchlich.

- Der Vermieter kann nachweisen, dass ihm aus der vom Mieter beabsichtigten Untervermietung wesentliche Nachteile erwachsen.

8.1.1 Weigerung, Bedingungen bekannt geben

Der Vermieter kann vom Mieter verlangen, dass dieser sämtliche für das beabsichtigte Untermietverhältnis relevanten Fakten offen legt (Personalien des Untermieters, Mietzins, Dauer der Untermiete, Zweckbestimmung der Untermiete, Anzahl Personen etc.). Aus der gesetzlichen Formulierung geht hervor, dass der Mieter die Bedingungen nicht von sich aus offen zulegen braucht, solange er vom Vermieter nicht darauf angesprochen wird. Nur die Weigerung des Mieters, die Bedingungen bekannt zu geben, berechtigt den Vermieter zur Verweigerung der Zustimmung.

8.1.2 Missbräuchliche Bedingungen

Die Bedingungen des Untermietvertrages dürfen im Vergleich zum Hauptmietvertrag nicht missbräuchlich sein. Mit dieser Bestimmung soll einerseits verhindert werden, dass der Mieter mit der Untervermietung einen unrechtmässigen Gewinn aus der Vermietung eines unmöblierten Wohn- oder Geschäftsraumes erzielt, andererseits aber auch eine Ausnützung des Untermieters. Der Mieter darf dem Untermieter ohne weiteres für die Möblierung der Wohnung oder die vom Mieter zur Verfügung gestellte Infrastruktur in Geschäftsräumen und den ihm – dem Mieter – aus der Untervermietung erwachsenden Umtrieben eine angemessene Entschädigung verrechnen. Aus der Mobiliar- und Infrastrukturvermietung darf der Mieter auch einen angemessenen Gewinn erzielen. Dies gilt selbstverständlich dann nicht, wenn die Wohnung vom Vermieter möbliert vermietet bzw. die Infrastruktur in Geschäftsräumen vom Vermieter zur Verfügung gestellt wurde. Das Bundesgericht hat in einem Entscheid aus dem Jahre 1993 einen Zuschlag von 30 Prozent auf den Hauptmietzins als missbräuchlich bezeichnet und festgehalten, ein missbräuchlicher Mietzins im Sinne von Art. 262 Abs. 2 lit. b OR sei nicht erst dann gegeben, wenn der Tatbestand des Wuchers (Art. 157 StGB) erfüllt sei. Bezüglich der Höhe des zulässigen Zuschlags hat sich das Bundesgericht bisher nicht geäussert. Insbesondere hatte es zur Frage eines Risiko-Zuschlages keine Stellung genommen. In der Lehre wird teilweise die Auffassung vertreten, der Untervermieter dürfe sein Risiko (Mietzinsausfälle, übermässige Abnützung der Mietsache durch den Untermieter) bei der Zinsbemessung ebenfalls berücksichtigen. Um beurteilen zu können, ob ein missbräuchlicher Untermietzins vorliegt oder nicht, kann der Vermieter vom Mieter auf jeden Fall Aufklärung über die Vertragsbedingungen des Untermietverhältnisses verlangen.

8.1.3 Wesentliche Nachteile

Der Vermieter kann sich gegen die Untermiete erfolgreich zur Wehr setzten, wenn mit dieser wesentliche Nachteile für ihn verbunden sind. Aus der Formulierung des Gesetzes geht hervor, dass nicht jeder Nachteil zur rechtsgültigen Ablehnung der Untermiete führt. Nur wenn sich die Stellung des Vermieters durch die Untermiete erheblich verschlechtert, ist von einem wesentlichen Nachteil auszugehen. Eine erhebliche Verschlechterung liegt beispielsweise vor, wenn der Untermieter beabsichtigt, den im Hauptmietvertrag umschriebenen Verwendungszweck zu ändern (z.B. Gewerbebetrieb in Wohnräumen), wenn es sich beim Untermieter in Geschäftsräumen um einen Geschäftskonkurrenten des Vermieters handelt, wenn die Untermiete eine ins Gewicht fallende Überbelegung zur Folge hätte, d.h. diese würde objektiv zu einer erheblich stärkeren Abnützung der Mietsache führen. Einschränkend ist beizufügen, dass mit Belegungsklauseln im Mietvertrag die Untermiete nicht faktisch ausgeschlossen werden darf. Bei einer grösseren Mietwohnung, die ausdrücklich nur an eine Person vermietet wurde, führt der Einzug eines Untermieters nicht zu einer erheblichen Überbelegung. Wesentliche Nachteile für den Vermieter können selbstverständlich auch vorliegen, wenn die Nachteile die übrigen Mieter der Mietliegenschaft betreffen. Ähnlich wie bei der Ersatzmiete darf der Vermieter bei der Untermiete an den Untermieter dieselben Anforderungen stellen, die für den Hauptmieter gelten. Der Untermieter muss demgemäss auch in die bestehende Mieterstruktur passen.

8.2 Verhältnis Hauptvermieter/Hauptmieter

Der Hauptmieter haftet dem Hauptvermieter gegenüber für sämtliche Verbindlichkeiten aus dem Hauptmietvertrag, insbesondere für die fristgerechte Zahlung von Mietzins und Nebenkosten sowie für die Erfüllung der gesetzlichen und vertraglichen Sorgfalts- und Rücksichtnahmepflichten durch den Untermieter. Daneben haftet der Hauptmieter dem Hauptvermieter dafür, dass der Untermieter die Mietsache nicht anders gebraucht, als es dem Hauptmieter gestattet ist (Art. 262 Abs. 3 OR).

Sieht der Untermietvertrag beispielsweise vor, dass der Untermieter Mietzins und Nebenkosten direkt dem Hauptvermieter zu überweisen habe, riskiert der Hauptmieter eine Zahlungsverzugskündigung im Sinne von Art. 257d OR, wenn der Untermieter seiner Zahlungspflicht nicht nachkommt. Der Hauptmieter haftet dem Hauptvermieter auch für Schäden, welche der Untermieter der Mietsache zufügt. Es liegt aus diesen Gründen denn auch im Interesse des Hauptmieters, bei der Wahl eines Untermieters die gebotene Sorgfalt walten zu lassen.

8.3. Verhältnis Hauptvermieter/Untermieter

Zwischen Hauptvermieter und Untermieter besteht kein Rechtsverhältnis. Trotzdem kann der Hauptvermieter den Untermieter unmittelbar zum vertragsgemässen Gebrauch der Mietsache anhalten. Dies sieht das Gesetz in Art. 262 Abs. 3 OR ausdrücklich vor. Ansonsten muss sich der Hauptvermieter stets an den Hauptmieter halten. Verletzt der Untermieter beispielsweise fortgesetzt die Hausordnung, kann der Hauptvermieter das Hauptmietverhältnis gestützt auf Art.257f OR kündigen, nicht aber das Untermietverhältnis. Hält der Hauptmieter den Untermieter zum vertragsgemässen Gebrauch der Mietsache an, sollte er den Hauptmieter ebenfalls abmahnen. Der Hauptmieter riskiert die Kündigung, wenn er keine Abhilfe schafft. Eine dem Untermieter direkt zugestellte Abmahnung kann dem Hauptmieter nur zugerechnet werden, wenn er darüber in Kenntnis gesetzt wird.

Zieht der Untermieter bei Beendigung des Hauptmietverhältnisses nicht aus, so kann der Hauptvermieter gegen diesen direkt ein Ausweisungsverfahren einleiten.

9. Die Übertragung des Mietverhältnisses

9.1 Die Übertragung des Geschäftsmietverhältnisses

Gemäss Art. 263 OR kann der Mieter von Geschäftsräumen das Mietverhältnis mit schriftlicher Zustimmung des Vermieters auf einen Dritten übertragen. Im Gegensatz zur Untervermietung ist die Übertragung des Mietverhältnisses auf Geschäftsmieten beschränkt. Ferner muss die Zustimmung des Vermieters in schriftlicher Form erfolgen. Der Vermieter kann die Zustimmung allerdings – analog zur Untervermietung (vgl. 8.1.2) – nur aus wichtigem Grund verweigern. Stimmt der Vermieter der Übertragung zu, so tritt der Dritte anstelle des Mieters in das Mietverhältnis ein. Der Mieter ist danach von seinen Verpflichtungen gegenüber dem Vermieter befreit. Er haftet jedoch solidarisch mit dem Dritten bis zum Zeitpunkt, in dem das Mietverhältnis gemäss Vertrag oder Gesetz endet oder beendet werden kann, höchstens aber für zwei Jahre.

9.2 Die Übertragung eines anderen Mietverhältnisses

Dem Mieter von Wohnungen, Garagen, Parkplätzen, Mobilien steht im Gegensatz zum Meter von Geschäftsräumen kein gesetzliches Recht auf Übertragung des Mietverhältnisses auf einen Dritten zu. Dies schliesst allerdings nicht aus, dass die Parteien sich auch in diesen Mietverhältnissen auf eine „Übertragung" des Mietverhältnisses einigen können. Dies in Anwendung der Bestimmungen über die Abtretung (Art. 164 ff. OR) und der Schuldübernahme (Art. 176 ff. OR). Ein derartiger Vertrag lässt sämtliche Rechte und Pflichten aus dem Mietvertrag übergehen. In der Praxis gelangt dieses Vorgehen beim Auseinanderbrechen von Konkubinatsverhältnissen zur Anwendung, indem das in der Regel auf beide Konkubinatspartner lautende Mietverhältnis mit Zustimmung aller beteiligten Parteien (Vermieter, ausziehender und verbleibender Mieter) mit allen Rechten und Pflichten auf den in der Wohnung verbleibenden Partner übertragen wird. Entscheidend ist, dass die Übertragung in diesen Fällen nur mit der Zustimmung des Vermieters möglich ist, dieser jedoch – im Gegensatz zur Geschäftsraummiete – die Zustimmung stets – auch ohne Begründung – verweigern kann.

9.3 Die Übertragung der Familienwohnung

Am 1. Januar 2000 ist das revidierte Scheidungsrecht in Kraft getreten. Gemäss Art.121 Abs. 1 (neu) ZGB kann der Richter einem Ehegatten, der wegen der Kinder oder aus anderen wichtigen Gründen auf die Wohnung der Familie angewiesen ist, die Rechte und Pflichten aus dem Mietvertrag allein übertragen, sofern dies dem anderen billigerweise zugemutet werden kann. Die Zustimmung des Vermieters wird dabei nicht vorausgesetzt. Zu dessen Schutz sieht das Gesetz vor, dass der bisherige Mieter solidarisch für den Mietzins haftet, und zwar bis zum Zeitpunkt, in dem das Mietverhältnis gemäss Vertrag oder Gesetz endet oder beendet werden kann, höchstens aber während zweier Jahre. Wird der

bisherige Mieter vom Vermieter für den Mietzins belangt, so kann er den bezahlten Betrag ratenweise in der Höhe des monatlichen Mietzinses mit den Unterhaltsbeiträgen, die er dem anderen Ehegatten schuldet, verrechnen (Art. 121 Abs. 2 ZGB).

10. Beendigung des Mietverhältnisses

10.1 Beendigung durch Vereinbarung

Die Parteien können ihr Mietverhältnis jederzeit – auch vor dem Mietantritt – im gegenseitigen Einvernehmen *formlos* aufheben und zwar selbst dann, wenn der aufzuhebende Mietvertrag schriftlich abgeschlossen wurde (vgl. Art. 115 OR). Der Aufhebungsvertrag hat zur Folge, dass ab dem vereinbarten Zeitpunkt der Aufhebung des Mietverhältnisses sämtliche aus dem Mietvertrag fliessenden Leistungspflichten der Parteien entfallen. Während der Dauer des Mietverhältnisses angefallene Leistungspflichten bleiben dagegen in der Regel vom Aufhebungsvertrag (z.B. noch offene Mietzinszahlungen) unberührt. Dies gilt auch für die aus der Beendigung eines Mietverhältnisses resultierenden Pflichten der Parteien (Rückgabe der Mietsache, Pflicht zur Erstellung einer Nebenkostenabrechnung zum vertraglich vereinbarten Zeitpunkt, Auflösung des Mietkautionskontos nach allfällig notwendig gewordener Mängelbehebung usw.).

Bei der Aufhebung von Wohn- und Geschäftsraummietverträgen ist allerdings aus Beweisgründen eine **schriftliche** Aufhebungsvereinbarung empfehlenswert. Der Aufhebungsvertrag über eine Familienwohnung bedarf zu seiner Gültigkeit zwingend der Zustimmung des Ehegatten bzw. des eingetragenen Partners, der nicht Mietpartei ist (Art. 169 ZGB). Bei der Beendigung des Mietverhältnisses durch Vereinbarung sind selbstverständlich weder Kündigungsfristen noch Kündigungstermine zu beachten.

10.2 Teilkündigung; Abänderungsvereinbarung

Teilkündigungen – Kündigung nur eines Teils des Mietverhältnisses - sind nach herrschender Lehre unzulässig und sind somit in rechtlicher Hinsicht wirkungslos.

> **Beispiel:** Vermieter Müller schliesst mit Mieter Keller einen Mietvertrag über eine 5-Zimmer-Wohnung ab. Im selben Mietvertrag wird ebenfalls vereinbart, dass dem Mieter ein (bewohnbares) Nebenzimmer im Untergeschoss und ein Autoabstellplatz im Freien mitvermietet wird. Da die Vermietung der Wohnung, des Nebenzimmers und des Autoabstellplatzes im selben Mietvertrag erfolgt ist, kann nur das gesamte Mietverhältnis (Wohnung, Nebenzimmer, Autoabstellplatz) gekündigt werden. Eine Kündigung des Autoabstellplatzes wäre eine unzulässige Teilkündigung.

Ob es sich bei einer Kündigung um eine Kündigung des gesamten Mietverhältnisses oder aber um eine unzulässige Teilkündigung handelt, ist aufgrund des Wortlautes der Kündigung und dessen Auslegung zu ermitteln. Dabei ist insbesondere auf das Verhalten rechtunkundiger Parteien abzustellen, die in der Regel im Kündigungsschreiben nur die Hauptsache des Mietvertrages (z.B. die Wohnung, die Geschäftsräumlichkeiten) kündigen, ohne ausdrücklich zu erwähnen, dass sich die Kündigung auch auf ein mitvermietetes Nebenzimmer oder auf einen Autoabstellplatz bezieht. In solchen Fällen kann in der Regel ohne weiteres davon ausgegangen werden, dass sich die Kündigung auf die gesamte Mietsache bezieht. So hat beispielsweise wohl kaum ein Mieter, der die Wohnung kündigt, ein Interesse daran, den mitvermieteten Autoabstellplatz weiter zu benutzen. Von einer (unwirksamen) Teilkündigung ist dagegen auszugehen, wenn nur eine untergeordnete Sache (also im vorerwähnten Beispiel nur das Nebenzimmer oder nur der Autoabstellplatz) gekündigt wird.

Die am Mietvertrag beteiligten Parteien können sich einvernehmlich darauf einigen, den bestehenden Mietvertrag abzuändern (Entzug eines Nebenzimmers; Umwandlung eines unbefristeten in ein befristetes Mietverhältnis, Einführung einer Sicherheitsleistung usw.). In einem solchen Fall liegt nicht eine gesamthafte, sondern eine teilweise Aufhebung des Mietverhältnisses vor. Haben die Parteien beim Abschluss des Mietvertrages für Änderungen desselben die Schriftform vorbehalten, *ist diese selbstverständlich beim Abschluss einer Abänderungsvereinbarung zu beachten.*

> **Hinweis:** *Aus Beweisgründen sollte eine Abänderungsvereinbarung (vor allem im Bereich der Wohn- und Geschäftsmiete) sowieso schriftlich abgeschlossen werden.*

10.3 Beendigung durch Zeitablauf

Mietverhältnisse gelten – sofern die Parteien nachweislich nichts anderes abgemacht haben – grundsätzlich als auf unbestimmte Dauer abgeschlossen (Art. 255 Abs. 3 OR). Die Beweislast dafür, dass ein befristetes Mietverhältnis abgeschlossen worden ist, trägt im Streitfall diejenige Partei, die sich darauf beruft. Befristete Mietverhältnisse enden ohne Weiteres nach Ablauf der vereinbarten (festen) Vertragsdauer, also durch Zeitablauf (Art. 266 Abs. 1 OR). *Ein befristetes Vertragsverhältnis bedarf zu seiner Beendigung somit keiner Kündigung.* Dies schliesst selbstverständlich nicht aus, dass auch befristete Mietverhältnisse ausserordentlich gekündigt werden können. Ebenso wenig ausgeschlossen ist die vorzeitige Rückgabe einer auf eine bestimmte Dauer gemieteten Mietsache durch den Mieter gemäss Art. 264 OR. Allfällige in Formularmietverträgen vereinbarte Rückgabemodalitäten (so z.B. die Bezeichnung eines Rückgabezeitpunktes) gelten auch bei Beendigung eines befristeten Mietverhältnisses.

> **Empfehlung:** Es ist dem Vermieter zu empfehlen, den Mieter jeweils rechtzeitig auf den nahenden Ablauf des Mietverhältnisses hinzuweisen.

Setzen die Parteien allerdings das Mietverhältnis stillschweigend fort, wird gemäss Art. 266 Abs. 2 OR aus dem befristeten ein unbefristetes Mietverhältnis, welches zu seiner Beendigung der Kündigung (bzw. einer Aufhebungsvereinbarung) bedarf. Von der stillschweigenden Fortsetzung eines Mietverhältnisses ist auszugehen, wenn der Mieter über den vertraglich vereinbarten Beendigungstermin hinaus im Mietobjekt verbleibt, weiterhin den im ursprünglichen Mietvertrag vereinbarten Mietzins (zuzüglich Nebenkosten) bezahlt und der Vermieter dies unwidersprochen und vorbehaltlos hinnimmt. Die vom Gesetz aufgestellte Vermutung, die Parteien hätten stillschweigend einen neuen (unbefristeten) Mietvertrag abgeschlossen, ist widerlegbar. So könnte die Vermutung beispielsweise durch den Beweis umgestossen werden, dass das Mietverhältnis aufgrund einer Optionsausübung durch den Mieter oder aufgrund einer aussergerichtlichen Erstreckungsvereinbarung der Parteien weitergeführt wird. *Die Vermutung kann zudem auch durch den Beweis widerlegt werden, dass das Verhalten der Parteien eben gerade nicht auf den Abschluss eines neuen Mietverhältnisses schliessen lässt.*

Achtung: *Im Mietvertrag sollte die Befristung des Mietverhältnisses klar vereinbart werden (z.B. Das Mietverhältnis beginnt am 1. April 2014 und endigt ohne Weiteres am 31. März 2019). Wird dagegen vereinbart, dass das Mietverhältnis erstmals oder frühestens auf den 31. März 2019 gekündigt werden kann, liegt kein befristetes, sondern ein unbefristetes Mietverhältnis mit einer Mindestdauer von fünf Jahren vor.*

10.4 Beendigung durch Kündigung

In der Regel wird ein unbefristetes Mietverhältnis mittels Kündigung beendet. Bei der Kündigung handelt es sich um eine einseitige, empfangsbedürftige Willenserklärung einer dazu berechtigten Partei. Eine Kündigung hat unmissverständlich zu erfolgen und darf weder mit Vorbehalten noch mit Bedingungen verknüpft werden, ansonsten sie ohne Wirkung ist. Die Kündigung zeitigt ihre Wirkung erst in dem Zeitpunkt, in welchem sie im Zugriffsbereich des Adressaten eintrifft. Es ist dagegen nicht notwendig, dass der Adressat die Kündigung persönlich in Empfang nimmt. Er muss sie nicht einmal zur Kenntnis nehmen. Aus Beweisgründen ist dringend zu empfehlen, die Kündigung mittels eingeschriebener Postsendung zuzustellen. Eine eingeschriebene Sendung, die sich keiner zum Empfang berechtigten Person aushändigen lässt, gilt dem Adressaten am dem Tag als zugegangen, an dem sie erstmals auf der Poststelle abgeholt werden kann. In der Regel fällt der Tag, an welchem der Postbeamte die Abholeinladung in den Briefkasten legte, als Zugangstag ausser Betracht. Wird eine nicht abgeholte eingeschriebene Kündigung nach Ablauf der siebentägigen postalischen Abholfrist an den Vermieter retourniert, sollte dieser die Sendung aus Beweisgründen ungeöffnet aufbewahren und dem Mieter zur Kenntnisnahme eine (als solche erkennbare) Kopie des Kündigungsformulars uneingeschrieben zustellen.

10.5 Kündigungsfristen und -termine

Bei der ordentlichen Kündigung eines Mietverhältnisses sind folgende Kündigungsfristen und -termine zu beachten. Eine nicht frist- und/oder termingerechte Kündigung ist nun allerdings nicht etwa wie eine formwidrige Kündigung nichtig. Hat der Vermieter sich an die Formvorschriften gehalten (vgl. 10.6), ist die verspätete Kündigung auf den nächstmöglichen Kündigungstermin gültig (Art. 266a Abs. 2 OR).

10.5.1 Die Kündigungsfristen

Das Gesetz regelt die Kündigungsfristen in den Art. 266b bis 266f OR. Die Kündigungsfristen sind je nach Art der Mietsache verschieden lang:

- Kündigungsfrist bei Wohnungen: 3 Monate
- Kündigungsfrist bei Geschäftsräumen: 6 Monate
- Kündigungsfrist bei möblierten Zimmern und gesondert vermieteten Einstellplätzen u.ä.: 2 Wochen
- Kündigungsfrist bei unbeweglichen Sachen und bei Fahrnisbauten: 3 Monate
- Kündigungsfrist bei beweglichen Sachen: 3 Tage

Die gesetzlichen Kündigungsfristen können zwingend nicht verkürzt werden (Art. 266a OR). Sie können andererseits vertraglich beliebig verlängert werden.

10.5.2 Die Kündigungstermine

Die Kündigungstermine können von den Parteien frei vereinbart werden. Wird jedes Monatsende als Kündigungstertmin vereinbart, sollte der 31. Dezember als Kündigungstermin ausgeschlossen werden. Wegen der Feiertage ist es schwierig, über das Jahresende einen Wohnungswechsel zu organisieren. Fehlt eine anderslautende Vereinbarung, gelten bei der Vermietung von Wohn- und Geschäftsräumen gemäss Gesetz die ortsüblichen Kündigungstermine (Art. 266c, 266d OR). Im Kanton Zürich beispielsweise gelten Ende März und Ende September, in gewissen Bezirken wie Winterthur auch der 30. Juni als ortsübliche Termine.

10.6 Form der Kündigung

10.6.1 Vom Kanton genehmigtes Kündigungsformular

Gemäss Art. 266l OR müssen Vermieter und Mieter von Wohn- und Geschäftsräumen schriftlich kündigen. Im Gegensatz zum Mieter muss der Vermieter für die Mitteilung der Kündigung ein Formular verwenden, das vom Kanton, in welchem das Mietobjekt liegt, genehmigt worden ist. Der Mieter kann dem Formular entnehmen, wie er vorzugehen hat, falls er die Kündigung anfechten oder eine Erstreckung des Mietverhältnisses verlangen will. Damit soll auch der rechtsunkundige Mieter geschützt werden. Will der Vermieter nicht das offizielle Formular des Kantons (in welchem das Mietobjekt liegt) verwenden, kann er ohne Weiteres ein eigenes kreieren, sofern es den in Art. 9 der Verordnung über die Miete und Pacht von Wohn- und Geschäftsräumen (VMWG) umschriebenen Anforderungen genügt. Entscheidend ist diesfalls allerdings die Einholung der Genehmigung durch die zuständige kantonale Behörde. **Kündigt der Vermieter nicht mit einem amtlich genehmigten Formular, so hat dies die Nichtigkeit der Kündigung zur Folge (Art. 266o OR).** Die vom Vermieter ausgesprochene Kündigung entfaltet keinerlei rechtliche Wirkung, ohne dass sie etwa vom Mieter analog einer rechtsmissbräuchlichen Kündigung angefochten werden müsste. Ebenfalls *nichtig* ist eine Kündigung des Mieters, die *nicht in schriftlicher Form* erfolgt ist (Art. 266o OR).

10.6.2 Kündigung einer Familienwohnung durch den Vermieter

Dient eine Mietwohnung einem Ehepaar bzw. eingetragenen Partnern im Sinne des Partnerschaftsgesetzes als Familienwohnung, so muss der Vermieter die Kündigung (zwei Kündigungsformulare) und im Falle des Zahlungsverzugs gemäss Art. 257d OR auch die Zahlungsfristansetzung mit Kündigungsandrohung beiden Ehegatten separat zustellen (Art. 266n OR). Dies gilt unabhängig davon, ob einer oder beide Ehegatten bzw. eingetragenen Partner im Mietvertrag als Mieter aufgeführt sind. Diese Vorschrift ist auf Ehepaare beschränkt; bei einem Konkubinatspaar findet sie keine Anwendung.

> **Anmerkung:** Unter Familienwohnung wird die Wohnung verstanden, in der die Ehegatten bzw. die eingetragenen Partner ihren gemeinsamen Haushalt haben bzw. die Familie ihren Lebensmittelpunkt hat. Voraussetzung für eine Familienwohnung ist also nicht etwa die Existenz von Kindern.

Zu beachten ist, dass Art. 266n OR grundsätzlich auch während der gerichtlichen Trennung und während dem Scheidungsprozess zur Anwendung gelangt, dies sogar dann, wenn der im Vertrag als Mieter angeführte Ehegatte die Wohnung verlassen hat. Verlässt ein Ehegatte allerdings die eheliche Wohnung freiwillig auf unbestimmte Zeit und besteht keine Aussicht auf ein Wiederaufnehmen des Zusammenlebens, so liegt keine Familienwohnung mehr vor. Weil dies für den Vermieter schwer feststellbar ist, ist in der Regel eine separate Zustellung empfehlenswert. Ist dem

Vermieter die Adresse des ausgezogenen Ehegatten nicht bekannt, ist es ausreichend, wenn er die Kündigung an die bisherige Adresse schickt. *Unterlässt der Vermieter im Falle einer Familienwohnung die separate Zustellung einer Kündigung und/oder die separate Zustellung einer Zahlungsfristansetzung mit Kündigungsandrohung, so hat dies die Nichtigkeit der Kündigung zur Folge.* Die Kündigung wird rechtlich so behandelt, als ob sie vom Vermieter gar nie ausgesprochen worden wäre. Die Nichtigkeit der Kündigung einer Familienwohnung bei Missachtung der Zustellvorschriften setzt nicht voraus, dass der Vermieter vom Zivilstand seines Mieters Kenntnis hatte. Der Mieter sollte aber auf jeden Fall vertraglich verpflichtet werden, allfällige Zivilstandsänderungen dem Vermieter zu melden. Kommt der Mieter diesfalls seiner vertraglichen Mitteilungspflicht nicht nach und entsteht deshalb dem Vermieter ein Schaden (infolge Versands einer nichtigen Kündigung), so wird der Mieter schadenersatzpflichtig.

10.6.3 Kündigung einer Familienwohnung durch den Mieter

Gemäss Art. 266m OR kann ein Ehegatte bzw. ein eingetragener Partner die Familienwohnung nur mit dem ausdrücklichen Einverständnis des anderen Ehegatten bzw. Partners kündigen. Können sich die Ehegatten bzw. Partner nicht einigen, hat der Richter zu entscheiden. Da eine Kündigung einer Familienwohnung ohne Einverständnis des Ehegatten bzw. eingetragenen Partners nichtig ist, sollte sich der Vermieter im Falle einer Familienwohnung rückversichern, ob der Ehegatte bzw. der eingetragene Partner mit der Kündigung einverstanden ist, falls diese nur von einem Ehegatten unterzeichnet wurde. Haben sich die Ehegatten bzw. die eingetragenen Partner im Lauf des Mietverhältnisses getrennt, ist dem Vermieter ebenfalls zu empfehlen, auf der Zustimmung des weggezogenen Ehegatten bzw. Partners zu beharren, um einer möglichen Nichtigkeit der Mieterkündigung zu entgehen. Das Einverständnis des Ehegatten bzw. Partners ist von Gesetzes wegen an keine Form gebunden und kann bis am Tag vor Beginn der Kündigungsfrist nachgereicht werden.

10.6.4 Begründung ist nicht Gültigkeitsvoraussetzung

Die Begründung der Kündigung ist nicht Gültigkeitsvoraussetzung der Kündigung. Sie braucht vielmehr nur dann begründet zu werden, wenn die gekündigte Partei dies verlangt (Art. 271 Abs. 2). Die Kündigungsanfechtung setzt somit nicht das Vorliegen einer Kündigungsbegründung voraus. Ebenso wenig ist das Vorliegen der Begründung massgebend für den Fristenlauf gemäss Art. 273 Abs. 1 OR.

10.6.5 Wiederholung der Kündigung

Hat der Vermieter dem Mieter eine formnichtige Kündigung versandt, so kann er ohne weiteres den Formfehler berichtigen und dem Mieter eine den gesetzlichen Erfordernissen entsprechende Kündigung zustellen. Dem Mieter kommt bezüglich einer formnichtigen Kündigung allerdings keine Aufklärungspflicht zu. Dies kann dazu führen, dass eine vom Vermieter nachgeschobene Kündigung nicht mehr rechtzeitig genug erfolgen kann, um auf den von diesem ursprünglich gewählten Kündigungstermin hin wirksam werden zu können. Sie wird diesfalls erst auf den nächstmöglichen Kündigungstermin hin wirksam (Art. 266a Abs. 2 OR).

11. Ausserordentliche Beendigungstatbestände

11.1. Zahlungsverzug des Mieters

Gerät der Mieter *nach* der Übernahme der Mietsache mit der Zahlung fälliger Mietzinse oder Nebenkosten in Rückstand, so kann ihm der Vermieter gemäss Art. 257d Abs. 1 OR *schriftlich eine Zahlungsfrist ansetzen und ihm androhen, dass bei unbenütztem Ablauf der Frist das Mietverhältnis gekündigt werde.*

Art. 257d OR gelangt nur dann zur Anwendung, wenn der Mieter nach Übernahme der Mietsache in Zahlungsrückstand geraten ist, nicht aber, wenn der Zahlungsrückstand sich auf einen Mietzins bezieht, welchen der Mieter vor oder bei der Übergabe der Mietsache hätte leisten müssen. Diesfalls ist nach den Verzugsregeln in Art. 107 ff. OR vorzugehen.

Nicht von Art. 257d OR erfasst werden ausbleibende Leistungen des Mieters, bei denen es sich *nicht um Mietzinsleistungen* handelt:

- Betreibungskosten;
- Sicherheitsleistungen;
- Schadenersatzansprüche des Vermieters (zuzüglich Zinsen).

Die Forderungen des Vermieters müssen zudem *fällig* sein. Eine vorgängige Mahnung ist dagegen nicht vorausgesetzt. In der Praxis ist es allerdings in der Regel üblich, dem Mieter vorerst eine *Zahlungserinnerung* zu schicken. Dies ist sicher immer dann angezeigt, wenn der Mieter vorgängig des Zahlungsrückstandes den Mietzins immer anstandslos bezahlt hat.

Trotz Ausbleibens fälliger Mietzinse und/oder Nebenkosten liegt in folgenden Fällen *kein Zahlungsrückstand* im Sinne von Art. 257d OR vor:

- Der Vermieter hat den Zahlungsrückstand selber zu vertreten (z.B. durch Angabe einer unrichtigen Kontoverbindung).
- Der Mieter hat rechtzeitig Verrechnung erklärt.
- Der Mieter hat die ausstehenden Mietzinse gültig hinterlegt (Art. 259g OR).

Zahlungsfristansetzung mit Kündigungsandrohung

Zahlungsfristansetzung und Kündigungsandrohung müssen schriftlich erfolgen (einfache Schriftlichkeit im Sinne von Art. 13 ff. OR) und zwar in ein und demselben Schreiben. Aus Beweisgründen ist dem Vermieter zu empfehlen, das Schreiben mit eingeschriebener Post zu versenden.

Sowohl Zahlungsaufforderung als auch Kündigungsandrohung müssen klar und unmissverständlich sein. Der Zahlungsrückstand ist in der Regel **betragsmässig** anzugeben; er muss **zumindest eindeutig bestimmbar** sein (z.B. der ausstehende Mietzins für den Monat Januar 2014). Die Kündigungsandrohung dient dazu, dem Mieter die Tragweite der Nichtbezahlung der ausstehenden Mietzinse/Nebenkosten innert angesetzter Frist vor Augen zu führen. Ist die Kündigungsandrohung missverständlich (oder fehlt sie gar ganz), ist eine nachfolgende ausserordentliche Kündigung wegen Zahlungsverzugs **unwirksam**.

> **Beispiele:** Ein Hinweis auf die gesetzliche Möglichkeit, bei Nichtbezahlung der Ausstände das Mietverhältnis kündigen zu können, weil es einem derartigen Hinweis am Drohcharakter fehlt. Dies gilt ebenfalls für Formulierungen wie „...., überlegen wir uns, Ihnen das Mietverhältnis zu kündigen"; „....könnten wir uns veranlasst sehen, Ihnen das Mietverhältnis zu kündigen" etc.

> **Formulierungsvorschlag**
>
> *Mietzinszahlung für die Monate September und Oktober 2013*
>
> Wir stellen fest, dass trotz unserer Zahlungserinnerung vom 6. Oktober 2013 die oben erwähnten zwei Monatsmietzinse à Fr. 1'500.-- (Totalbetrag: Fr. 3'000.--) immer noch ausstehend sind.
>
> Wir räumen Ihnen eine letzte Zahlungsfrist von 30 Tagen ab Empfang dieses Schreibens ein. Sollten Sie die Ausstände nicht fristgerecht überweisen, werden wir Ihnen das Mietverhältnis <u>gestützt auf Art. 257d OR</u> kündigen.

Bei *Wohn- und Geschäftsräumen* beträgt die Zahlungsfrist *mindestens 30 Tage,* bei den übrigen Mietverhältnissen mindestens zehn Tage (Art. 257d Abs. 1 OR). Es handelt sich dabei um Minimalfristen. Eine vertragliche Verkürzung dieser Fristen ist damit ausgeschlossen, nicht aber eine Verlängerung. Dem Mieter kann rechtswirksam nicht wegen Zahlungsverzugs im Sinne von Art. 257d OR gekündigt werden, *wenn er innert der gesetzlichen Frist seiner Zahlungspflicht nachkommt.*

Die Zahlungsfristansetzung ist eine empfangsbedürftige Willenserklärung. Die Frist beginnt daher mit dem Tag, an dem das Schreiben dem Mieter zugestellt wird, wobei der Tag der Entgegennahme nicht mitgezählt wird. Zahlungsfristansetzungen, die mittels eingeschriebener Postsendung zugestellt werden, gelten – wenn der Mieter die Sendung weder in Empfang nimmt noch auf der Poststelle abholt – erst am letzten Tag der siebentägigen postalischen Abholfrist fiktiv als zugestellt (vgl. Allgemeine Geschäftsbedingungen Postdienstleistungen, Ziff. 2.3.7 Buchstaben b [analoge Regelung des Art. 169 Abs. 1 lit. d und e der vormaligen Verordnung zum Postgesetz]; BGE 123 III 492).

Der Fristenlauf beginnt diesfalls am Tag nach Ablauf der postalischen Abholfrist (vgl. nachstehendes Beispiel). Fällt der letzte Tag der Abholfrist auf einen Sonntag oder einen staatlich anerkannten Feiertag, so gilt als letzter Tag der Frist der nächstfolgende Werktag. Der Samstag gilt bei der postalischen Abholfrist als Werktag, weil eingeschriebene Postsendungen am Samstag auf der Poststelle abgeholt werden können. Fällt der letzte Tag der Zahlungsfrist auf einen Sonntag oder auf einen Feiertag, so gilt als letzter Tag der Zahlungsfrist ebenfalls der nächstfolgende Werktag. Bei der Zahlungsfrist ist zusätzlich zu beachten, dass der Samstag nicht als Werktag gilt, sondern gemäss dem Bundesgesetz über den Fristenlauf an Samstagen einem anerkannten Feiertag gleichgestellt ist (Art. 1).

Achtung: Bei einer Familienwohnung ist die Ansetzung der Zahlungsfrist mit Kündigungsandrohung wie die Kündigung den Ehegatten separat zuzustellen (Art. 266o OR).

> **Anmerkungen:**
>
> *Die schriftliche Ansetzung der im Gesetz angeführten Mindestzahlungsfristen mit einer Kündigungsandrohung ist zwingende Voraussetzung für die Aussprechung einer Zahlungsverzugskündigung im Sinne von Art. 257d OR. Bei einer Familienwohnung ist die Ansetzung der Zahlungsfrist mit Kündigungsandrohung wie die Kündigung den Ehegatten separat zuzustellen (Art. 266o OR). Eine vor Ablauf der Zahlungsfrist erfolgte Kündigung ist ungültig. Dem Vermieter ist dringend zu empfehlen, die Kündigung erst nach Ablauf der Zahlungsfrist auszusprechen.*
>
> *Der Vermieter ist auch dann zur Kündigung berechtigt, wenn der Mieter nur einen Teilbetrag der gemahnten ausstehenden fälligen Mietzinse (bzw. Nebenkosten) innert Frist bezahlt. Ebenfalls gegeben ist die Kündigungsberechtigung des Vermieters, wenn der Mieter erst nach Ablauf der Zahlungsfrist bezahlt. So hat das Bundesgericht im Entscheid BGE 119 II 233 ff. eine Postanweisung, welche der Mieter am letzten Tag der Frist vorgenommen hatte und die dem Vermieter zwei Tage später zuging, als verspätet erachtet und die Kündigung des Vermieters als gültig betrachtet. Die Post war in diesem Fall Hilfsperson des Mieters und nicht Zahlstelle des Vermieters.*
>
> *Sendet der Vermieter dem Mieter für den ausstehenden Betrag einen Einzahlungsschein, wird die Post zur selbst gewählten Zahlstelle des Vermieters (BGE 124 III 145 ff.). Der Mieter zahlt somit rechtzeitig, wenn er den ausstehenden Betrag am letzten Tag der Zahlungsfrist an einem Postschalter einbezahlt.*
>
> *Leitet der Vermieter zusätzlich zur Zahlungsfristansetzung mit Kündigungsandrohung ein Betreibungsverfahren ein, gilt Kraft Gesetzes das Betreibungsamt als eine von ihm selbst gewählte Zahlstelle. Der Mieter kann sich somit durch Zahlung des gemahnten Ausstandes an das Betreibungsamt von seiner Schuld befreien.*

> **Beispiel:** Mieter Müller gerät durch Fehlinvestitionen an der Börse in einen Zahlungsengpass. Nachdem Vermieter Keller schon seit zwei Monaten keinen Mietzins mehr erhalten hat, beschliesst er, dem säumigen Mieter vorzeitig zu kündigen. Mieter Müller war bereits mehrmals mit Mietzinszahlungen im Rückstand. Mit eingeschriebenem Schreiben vom 30. Januar 2012 setzt Keller Müller eine Zahlungsfrist von 30 Tagen und droht für den Fall der Nichtbezahlung der ausstehenden Mietzinse für die Monate Dezember und Januar die Kündigung an. (im Mietvertrag ist die monatliche Vorauszahlung des Monatsmietzinses vereinbart worden). Als Müller am 31. Januar abends nach Hause kommt, findet er im Briefkasten eine Abholeinladung der Post vor. Müller vermutet das Schlimmste und entschliesst sich, die eingeschriebene Sendung erst gar nicht abzuholen. Mit Ablauf der siebentägigen postalischen Abholfrist am 7. Februar 2012 gilt die Sendung an diesem Tag als zugestellt. Da der Empfangstag (vorliegend der 7. Februar 2012) bei der Fristberechnung nicht mitgerechnet wird, läuft die Müller gesetzte Frist am 8. März 2012 ab. Obwohl Keller befürchtet, dass Müller innert dieser Frist nicht bezahlen wird, darf er nicht vor deren Ablauf kündigen. Für den Fall, dass Müller tatsächlich nicht bezahlt, kann Keller diesem das Mietverhältnis ab dem 9. März 2012 unter Beachtung der zwingend vorgeschriebenen Mindestfrist von 30 Tagen auf Ende April 2012 kündigen.

11.2 Verletzung der Sorgfalts- und Rücksichtnahmepflicht durch den Mieter

Verletzt der Mieter trotz schriftlicher Mahnung des Vermieters seine Sorgfalts- und Rücksichtnahmepflichten weiter, so kann der Vermieter fristlos, bei Wohn- und Geschäftsräumen mit einer Frist von mindestens 30 Tagen, auf Ende eines Monats kündigen, falls dem Vermieter oder den Hausbewohnern die Fortsetzung des Mietverhältnisses nicht mehr zuzumuten ist (Art. 257f Abs. 3 OR). Dasselbe gilt auch für die Verletzung von vertraglichen Pflichten durch den Mieter, die mit dem Gebrauch der Mietsache zusammenhängen.

Zur Aussprechung einer ausserordentlichen Kündigung im Sinne von Art. 257f Abs. 3 OR müssen folgende Voraussetzungen erfüllt sein:

- Pflichtverletzung durch den Mieter. Unzumutbarkeit der Fortsetzung des Mietverhältnisses. Nicht jede noch so unbedeutende Pflichtverletzung berechtigt den Vermieter zu einer ausserordentlichen Kündigung des Mietverhältnisses. Diese setzt vielmehr eine schwerwiegende Pflichtverletzung voraus. Die Pflichtverletzung muss objektiv derart ins Gewicht fallen, dass im Falle der Wiederholung oder der Fortsetzung dem Vermieter und/oder den Hausbewohnern die Fortdauer des Mietverhältnisses nicht mehr zuzumuten ist.

- Schriftliche Abmahnung durch den Vermieter. Der Vermieter muss den Mieter schriftlich ermahnen, die ihm zum Vorwurf gemachte Pflichtverletzung inskünftig zu unterlassen. Der Mieter muss aus dem Schreiben erkennen, welche Pflichtverletzung ihm konkret vorgeworfen wird, damit er sein Verhalten ändern kann. Die Abmahnung muss weder mit einer Kündigungsandrohung noch mit einer Fristansetzung verbunden werden. Bei der Abmahnung bedarf es auch im Falle einer Familienwohnung nicht der separaten Zustellung an die Ehegatten.
- Wiederholung oder Fortsetzung der abgemahnten Pflichtverletzung durch den Mieter.

Beispiel: Mieterin Winter ist eine Liebhaberin der Schweizer Volksmusik. Des öftern kommt sie spätabends nach Hause, wo sie zur Entspannung das Radio einschaltet. Voller Begeisterung ob der rassigen Ländler-Musik hat Winter bereits mehrer Male das Radio derart laut eingestellt, dass ihre Nachbarn nicht mehr schlafen können. Diese haben sich wegen der Nachtruhestörungen bereits erfolglos bei Winter beschwert. Weil sie jedoch nicht auf die Reklamationen der Nachbarn reagiert, wenden diese sich an die Verwaltung. Die Verwaltung ersucht Winter daraufhin schriftlich, inskünftig die Nachtruhe der Mitmieter zu respektieren. Weitere Nachtruhestörungen könnten von der Verwaltung nicht mehr geduldet werden. Im Mahnschreiben wird unter anderem auf die Hausordnung hingewiesen, die den Mieter verpflichtet, Radio- und Fernsehgeräte sowie Plattenspieler nur auf Zimmerlautstärke einzustellen. Trotz Ermahnung ändert Winter in der Folge ihr Hörverhalten nicht. Dies veranlasst nun die Verwaltung zu Recht, Winter das Mietverhältnis gestützt auf Art. 257f Abs. 3 OR vorzeitig zu kündigen.

Liegen Pflichtverletzungen seitens des Mieters vor, die keine ausserordentliche Kündigung des Mietverhältnisses rechtfertigen, steht es dem Vermieter offen, das Mietverhältnis unter Einhaltung von Kündigungsfrist und Kündigungstermin ordentlich zu kündigen.

> **Empfehlung:** *Es ist dem Vermieter zu empfehlen, bei Sorgfalts- und Rücksichtnahmepflichtverletzungen durch den Mieter ein unbefristetes Mietverhältnis ordentlich – d.h. unter Einhaltung von Kündigungsfrist und Kündigungstermin – zu kündigen. Im Falle einer ausserordentlichen*
>
> *Kündigung gestützt auf Art. 257f Abs. 3 OR lässt sich eine Ausweisung des Mieters im summarischen Ausweisungsverfahren aufgrund der mangelnden Liquidität der Kündigung in der Regel nicht durchsetzten. Kündigt der Vermieter ausserordentlich, riskiert er eine dreijährige Kündigungssperrfrist (vgl. 13.2.1), wenn sich die Kündigung in einem Schlichtungs- oder Gerichtsverfahren als unwirksam erweist.*

11.3 Eigentümerwechsel

Veräussert der Vermieter die Mietsache nach Abschluss des Mietvertrags oder wird sie ihm in einem Schuldbetreibungs- oder Konkursverfahren entzogen, so geht das Mietverhältnis mit dem Eigentum an der Sache auf den Erwerber über (Art. 261 OR). Demnach gehen bei einer Eigentumsübertragung (Kauf, Tausch, Schenkung, Eigentumsübergang infolge Erbteilung in das Alleineigentum eines Erben) die bestehenden Mietverhältnisse vollumfänglich auf den neuen Eigentümer über. Massgeblicher Zeitpunkt ist die Eigentumsübertragung im Grundbuch (Tagebucheintrag). Der Mieter kann den vom Gesetz statuierten Wechsel seines Vertragspartners nicht verhindern. Die Anwendung von Art. 261 OR setzt ferner in zeitlicher Hinsicht voraus, dass der Eigentümerwechsel nach der Übergabe der Mietsache an den Mieter stattfindet.

Der Eigentumsübertragung im Sinne von Art. 261 OR ist die Einräumung eines beschränkten dinglichen Rechts (beispielsweise Wohn- und Nutzniessungsrechte) gleichgestellt, falls diese einem Eigentümerwechsel gleichkommt (Art. 261a OR).

Handelt es sich bei der Mietsache nicht um Wohn- oder Geschäftsräume, kann der neue Eigentümer den Vertrag mit der gesetzlichen Frist auf den nächsten gesetzlichen Termin kündigen, wenn der Vertrag keine frühere Auflösung ermöglicht.

Bei Wohn- und Geschäftsräumen kann der neue Eigentümer das Mietverhältnis unter Einhaltung der gesetzlichen Frist auf den nächsten gesetzlichen Termin dagegen nur dann kündigen, wenn er einen dringenden Eigenbedarf für sich, nahe Verwandte oder Verschwägerte geltend machen kann. Das Erfordernis der Dringlichkeit beim Eigenbedarf ist als erfüllt zu betrachten, wenn es dem Vermieter aus wirtschaftlichen oder anderen Gründen objektiv nicht zuzumuten ist, auf die Benutzung des erworbenen Objekts für längere Zeit zu verzichten. Dringender Eigenbedarf setzt keine Notlage voraus.

Kündigt der neue Eigentümer früher, als es der Vertrag mit dem bisherigen Mieter gestattet hätte, so haftet dieser dem Mieter für allen daraus entstandenen Schaden (Art. 261 Abs. 3 OR).

> **Anmerkungen:**
>
> *Der Erwerber ist zur ausserordentlichen Kündigung gemäss Art. 261 OR erst dann berechtigt, wenn die Eigentumsübertragung im Grundbuch (Eintrag im Tagebuch) stattgefunden hat.*
>
> *Die Kündigung gemäss Art. 261 OR ist spätestens auf den der Eigentumsübertragung im Grundbuch folgenden nächsten gesetzlichen Termin unter Einhaltung der gesetzlichen Kündigungsfrist auszusprechen. Versäumt der neue Eigentümer diesen Termin, erlischt seine Berechtigung zur ausserordentlichen Kündigung.*
>
> *Die Kündigung eines Wohn- oder Geschäftsmietverhältnisses wegen dringendem Eigenbedarf schliesst dessen Erstreckung nicht aus.*
>
> *Liegt ein im Grundbuch vorgemerktes Mietverhältnis vor, ist eine ausserordentliche Kündigung im Sinne von Art. 261 OR ausgeschlossen.*
>
> *Übernimmt der neue Eigentümer ein bereits erstrecktes Mietverhältnis, kann er dieses nicht gestützt auf Art. 261 OR kündigen.*

11.4 Kündigung aus wichtigem Grund

Aus wichtigen Gründen, die die Vertragserfüllung für sie unzumutbar machen, können die Parteien das Mietverhältnis unter Einhaltung der gesetzlichen Frist auf einen beliebigen Zeitpunkt kündigen (Art. 266g OR). Die kündigende Partei hat somit weder gesetzliche noch vertragliche Kündigungstermine zu beachten.

Wichtige Gründe liegen vor, wenn es sich um bei Vertragsabschluss weder bekannte noch vorhersehbare aussergewöhnliche Umstände handelt, bei deren Vorliegen die Fortdauer des Mietverhältnisses der kündigenden Partei nicht mehr zuzumuten ist. Sie müssen somit schwerwiegender Natur sein. Der wichtige Grund darf zudem nicht von der Partei verschuldet worden sein, die das Mietverhältnis beenden will. Der Erwerb eines Eigenheims oder ein Stellenwechsel sind beispielsweise keine wichtigen Gründe im Sinne von Art. 266g OR.

Wichtige Gründe zur Auflösung des Mietverhältnisses können unvorhersehbare Änderungen der allgemeinen Verhältnisse durch Krieg oder Wirtschaftskrisen darstellen, die zum finanziellen Ruin einer Vertragspartei führen. Wichtige Gründe können aber auch im Gesundheitszustand des Mieters – wenn die Wohnung nicht mehr benützt werden kann – oder in einer im Laufe des Mietverhältnisses ausbrechenden Feindschaft zwischen Vermieter und Mieter gesehen werden.

Beruft sich der Mieter bei einer Kündigung auf einen wichtigen Grund, welcher nicht Art. 266g OR entspricht, sollte der Vermieter dies dem Mieter schriftlich mitteilen, ihn auf die Unwirksamkeit der Kündigung hinweisen und ihn zur Ersatzmietersuche auffordern. Bestehen Zweifel, ob ein wichtiger Kündigungsgrund im Sinne von Art. 266g OR vorliegt oder nicht, kann der Vermieter an die Schlichtungsbehörde gelangen, mit dem Begehren, es sei die Unwirksamkeit der Kündigung festzustellen.

Die vermögensrechtlichen Folgen einer Kündigung aus wichtigen Gründen sind vom Richter unter Würdigung sämtlicher Umstände festzulegen. Für die Festsetzung der Höhe des Schadenersatzes richtet sich der Richter nach den Bestimmungen von Art. 99 bzw. 43 und 44 OR. Massgebend ist der konkrete Schaden, welcher der Partei, der gekündigt wurde, erwächst. Der Schadensnachweis ist von der geschädigten Partei zu erbringen.

11.5 Konkurs des Mieters

Fällt der Mieter nach Übernahme der Mietsache in Konkurs, so führt dies nicht von Gesetzes wegen zur Auflösung des Mietverhältnisses. Der Vermieter kann gemäss Art. 266h Abs. 1 OR jedoch Sicherheit für künftige Mietzinse verlangen. Er muss dafür dem Mieter und der Konkursverwaltung schriftlich eine angemessene Frist setzen. Bei der Miete von Wohn- und Geschäftsräumen ist eine Frist von zwei Wochen angemessen. Es ist grundsätzlich davon auszugehen, dass der Vermieter vollständige Sicherstellung der künftigen Mietzinse verlangt. Bei unbefristeten Mietverhältnissen beschränkt sich diese auf die bis zum nächsten ordentlichen Kündigungstermin anfallenden Mietzinse. Erhält der Vermieter innert der gesetzten Frist keine Sicherheit, kann er gemäss Art.

266h Abs. 2 OR fristlos kündigen. In formeller Hinsicht sind auch bei einer Kündigung nach Art. 266h OR zwingend die Formvorschriften von Art. 266l und 266n OR zu beachten (vgl. 9.5).

11.6 Tod des Mieters

In Übereinstimmung mit dem in der Schweiz geltenden Erbrecht, wonach die Erben kraft Gesetzes mit dem Tode des Erblassers die Erbschaft als Ganzes erwerben (Art. 560 ZGB; sog. Universalsukzession), gehen auch die Rechte und Pflichten aus dem Mietverhältnis des Erblassers auf die Erben über. Art. 266i OR hält in diesem Sinne fest, dass die Erben das Mietverhältnis mit der gesetzlichen Frist auf den nächsten gesetzlichen Termin kündigen können, wenn der Mieter stirbt. Dies gilt, sofern die Parteien nicht bei Abschluss des Mietvertrages vereinbart haben, der Tod des Mieters löse das Mietverhältnis auf. Die ausserordentliche Kündigung nach Art. 266i OR setzt voraus, dass nicht alle Erben die Erbschaft ausgeschlagen haben. Haben alle Erben die Erbschaft ausgeschlagen, geht das Mietverhältnis im Rahmen der amtlichen und/oder konkursamtlichen Liquidation der Hinterlassenschaft unter (Art. 593-597 ZGB; Art. 193 f. SchKG).Bei der Wohnungsmiete beträgt die gesetzliche Kündigungsfrist drei Monate (Art. 266c OR).

Was die gesetzlichen Termine betrifft, so sind die jeweils geltenden ortsüblichen Termine gemeint (Art. 266c OR). Dies im Gegensatz zu der weitverbreiteten irrigen Ansicht, gemäss geltendem Mietrecht sei jedes Monatsende ein gesetzlicher Kündigungstermin. Ortsüblich sind in den meisten Kantonen nach wie vor nur zwei bis drei Termine. In einem unbefristeten Mietverhältnis profitieren die Mieter demnach nur dann von der Regelung des Art. 266i OR, wenn im Wohnungsmietvertrag des verstorbenen Mieters eine Kündigungsfrist von mehr als drei Monaten vereinbart wurde bzw. wenn von der Ortsüblichkeit abweichende Kündigungstermine vereinbart wurden, die für die Erben ungünstiger sind als die ortsüblichen Termine. Wollen die Erben sich nicht an die gesetzliche oder allfällig bessere Regelung des Mietvertrages halten, müssten sie dem Vermieter einen zahlungsfähigen und (in objektiver Hinsicht) zumutbaren Ersatzmieter stellen, der bereit ist, das Mietverhältnis zu den gleichen Bedingungen zu übernehmen (Art. 264 OR).

Die gesetzliche Regelung des Art. 266i OR ist vor allem bei *befristeten Mietverhältnissen bzw. Mietverhältnissen mit einer festen Mindestdauer von Bedeutung*, steht doch in derartigen Mietverhältnissen dem Mieter in der Regel keine ordentliche Kündigungsmöglichkeit zur Verfügung.

> **Beispiel:** Stirbt der Mieter eines auf zehn Jahre fest gemieteten Einfamilienhauses vor Ablauf der Vertragsdauer, können dessen Erben mit der gesetzlichen Frist von drei Monaten auf den nächsten gesetzlichen (sprich ortsüblichen) Termin kündigen. Halten die Erben sich an die gesetzlichen Fristen und Termine, müssen sie keinen Ersatzmieter stellen. Die Erben werden diesfalls dem Vermieter gegenüber auch nicht schadenersatzpflichtig.

Die Erben müssen den Mietvertrag grundsätzlich auf den nächstmöglichen Termin kündigen. Unterbleibt eine Kündigung, kann der Vermieter sonst davon ausgehen, dass die Erben das Mietverhältnis weiterführen möchten. Stirbt der Mieter allerdings zu einem kurz vor Beginn der gesetzlichen Kündigungsfrist liegenden Zeitpunkt, kann es angezeigt sein, den Erben eine gewisse Bedenkfrist einzuräumen. In solchen Fällen ist auch eine auf den übernächsten Kündigungstermin ausgesprochene Kündigung als gültig zu werten. Eine derartige Bedenkfrist kann sich bei einer Wohnung in erster Linie dann aufdrängen, wenn nicht alle Erben bekannt sind oder eine rechtzeitige Benachrichtigung schwierig zu bewerkstelligen ist. Diese Bedenkfrist dürfte bei Wohnungen allerdings eher kurz zu bemessen sein.

Für die Gültigkeit der Kündigung braucht es in der Regel die Zustimmung sämtlicher Erben. Selbstverständlich kann die Erbengemeinschaft jemanden aus ihrer Mitte – ausdrücklich oder stillschweigend – bevollmächtigen, das Mietverhältnis des Verstorbenen zu kündigen. Ein Erbe kann zudem alleine handeln, wenn die Voraussetzungen der Geschäftsführung ohne Auftrag gegeben sind oder Gefahr im Verzug ist (z.B. unbekannter Aufenthaltsort gewisser Erben). Da eine allfällige Bedenkfrist kurz bemessen ist, kann es sich aufdrängen, dass ein einzelner Erbe die Kündigung alleine ausspricht, weil ansonsten nicht nur der nächstmögliche, sondern auch der übernächstmögliche Kündigungstermin verpasst würde. Bei der Wohnungsmiete ist es nämlich in all denjenigen Fällen höchst unwahrscheinlich, dass die Erben an einer Fortsetzung des Mietverhältnisses interessiert sind, in denen keiner der betroffenen Erben im Mietobjekt wohnhaft ist. *Erben, die nicht bereits im Mietobjekt wohnen, haben keinen Rechtsanspruch auf Weiterführung des Mitverhältnisses durch den Vermieter.* Es steht dem Vermieter selbstverständlich frei, die

Erben zu einem früheren Zeitpunkt aus dem Mietverhältnis zu entlassen, als dies nach Gesetz oder Vertrag möglich ist, ohne dass diese einen Ersatzmieter stellen müssen. Dagegen darf die Bestimmung des Art. 266i OR nicht zu Ungunsten der Erben vertraglich abgeändert werden.

Das ausserordentliche Kündigungsrecht im Sinne von Art. 266i OR steht nur den Erben des Mieters, nicht aber dem Vermieter zur Verfügung. Das Gesetz regelt zudem nur den Fall, wo der Mieter stirbt. Stirbt der Vermieter, so haben dessen Erben kein besonderes ausserordentliches Kündigungsrecht. Die bestehenden Mietverhältnisse gehen vielmehr von Gesetzes wegen mit allen Rechten und Pflichten auf die Erben des Vermieters über.

11.7 Kündigung des Mieters wegen Mängeln an der Mietsache

Gemäss Art. 259b kann der Mieter fristlos kündigen, wenn ein Mangel die Tauglichkeit einer unbeweglichen Sache zum vorausgesetzten Gebrauch ausschliesst oder erheblich beeinträchtigt oder wenn der Mangel die Tauglichkeit einer beweglichen Sache zum vorausgesetzten Gebrauch vermindert. Es muss sich dabei um schwerwiegende Mängel handeln. *Von einem schweren Mangel ist auszugehen, wenn dadurch die körperliche Integrität und die Gesundheit des Mieters betroffen sind.* Ebenfalls von einem schweren Mangel auszugehen ist, wenn wesentliche Teile der Mietsache oder bedeutende technische Einrichtungen derselben nicht benutzt bzw. ausser Betrieb sind (Brandschäden, schwere Wasserschäden, totaler Heizungsausfall in einem Restaurant). Die fristlose Kündigung setzt voraus, dass der Vermieter trotz Kenntnis des Mangels diesen nicht innert angemessener Frist beheben liess (vgl. 5.2.2). Nicht erforderlich ist dagegen, dass den Vermieter ein Verschulden trifft.

12. Vorzeitige Rückgabe des Mietobjektes durch den Mieter

Art. 264 OR regelt die vorzeitige Rückgabe des Mietobjekts durch den Mieter. Erfüllt der Mieter die nachfolgend geschilderten Voraussetzungen, handelt es sich bei der vorzeitigen Rückgabe gleichzeitig um eine ausserordentliche Beendigung des Mietverhältnisses. Sind diese Vo-

raussetzungen nicht erfüllt, so hat der Mieter für die Verbindlichkeiten aus dem Mietvertrag grundsätzlich bis zu dem Zeitpunkt einzustehen, in dem das Mietverhältnis gemäss Vertrag oder Gesetz endet oder beendet werden kann.

12.1 Vorzeitige Rückgabe

Damit Art. 264 OR zur Anwendung gelangt, muss der Mieter ausdrücklich auf sein aus dem Mietvertrag fliessendes Gebrauchsrecht verzichten. Der Verzichtserklärung müssen entsprechende Übergabehandlungen folgen. Die Rückgabe der Mietsache ist erst dann erfolgt, wenn der Mieter seine tatsächliche Verfügungsgewalt aufgegeben hat (z.B. Rückgabe sämtlicher Wohnungsschlüssel mittels eingeschriebener Postsendung an den Vermieter). Der blosse Nichtgebrauch des Mietobjekts gilt nicht als Rückgabe. Ferner setzt Art. 264 OR voraus, dass die Rückgabe vorzeitig erfolgt. Nicht als vorzeitige Rückgabe im Sinne von Art. 264 OR zu werten ist die formgerechte Kündigung des Mieters, die unter Missachtung der gesetzlichen bzw. vertraglichen Kündigungsfristen und/oder -termine erfolgt, ohne dass auf die Absicht eines vorzeitigen Auszugs hingewiesen wird. Gemäss Art. 266a Abs. 2 OR ist diese Kündigung rechtswirksam, entfaltet aber ihre rechtlichen Wirkungen erst auf den nächstmöglichen Termin. *In der Vermietungspraxis ist es allerdings üblich, dem Mieter auch in einem derartigen Fall kulanterweise die Möglichkeit einzuräumen, sich durch Stellung eines Ersatzmietersauf den Übergabetag hin vorzeitig von den vertraglichen Verpflichtungen zu befreien.*

> **Hinweis:** *Der Vermieter sollte auf die Mitteilung des Mieters, er beabsichtige, die Mietsache vorzeitig zurückzugeben, schriftlich reagieren, um diesen auf die Voraussetzungen der der Haftungsbefreiung aufmerksam zu machen. Dies in denjenigen Fällen, in denen Zweifel daran bestehen, dass der Mieter darüber im Bilde ist. Aus dem Stillschweigen des Vermieters kann der Mieter allerdings nie schliessen, dieser akzeptiere die ausserterminliche Kündigung und verzichte auf die ihm gemäss Art. 264 Abs. 1 OR zustehenden Ansprüche.*

Der Vermieter kann vom Mieter verlangen, dass er über dessen vorzeitigen Auszug **mindestens 30 Tage** vor dem geplanten Auszug in Kenntnis gesetzt wird. Diese Mitteilung ist an keine Form gebunden, kann also auch mündlich erfolgen; es handelt sich nicht um eine Kündigung, die bei der Miete von Wohn- und Geschäftsräumen der Schriftform bedarf (Art. 266l Abs. 1 OR). Da es sich bei der Anzeige der vorzeitigen Rückgabe nicht um eine Kündigung handelt, kann sich der Vermieter nicht darauf verlassen, dass der Mieter zum angekündigten Termin auch tatsächlich auszieht. Da der Vermieter im Falle einer vorzeitigen Rückgabe berechtigt ist, einen Mieter seiner Wahl zu suchen, und zudem die Vorbereitung einer Wohnungsabgabe ohne einen gewissen Zeitaufwand nicht möglich ist (Organisation eines Vertreters, Beizug eines amtlichen Wohnungsabnehmers, Aufbieten von Handwerkern etc.), ist dieser auf die Beachtung der Anzeigefrist angewiesen. Der 30-tägigen Anzeigefrist ist heutzutage eine eigenständige Bedeutung beizumessen, weil in der Lehre neuerdings teilweise von der bisher geltenden Auffassung abgewichen wird, dem Vermieter stünde in der Regel eine Zeit von einem Monat zur Prüfung des vorgeschlagenen Ersatzmieters zur Verfügung (vgl. nachfolgend 12.5). In aller Regel ist die 30-tägige Anzeigefrist in den Allgemeinen Vertragsbestimmungen der Formularmietverträge der Hauseigentümerverbände ausdrücklich festgehalten (vgl. z.B. Allgemeine Bedingungen des Zürcher Mietvertrages für Wohnräume, Ausgabe 2007, Ziff. 13 B Abs. 2). Unterlässt der Mieter die rechtzeitige Anzeige des vorzeitigen Auszugs, hat dies zur Folge, dass sich der Termin, auf welchen hin sich der Mieter durch die Stellung eines qualifizierten Nachfolgemieters rechtswirksam von seinen mietvertraglichen Verpflichtungen befreien kann, auf das übernächste Monatsende verzögert.

Beispiele

Mieter Meier teilt dem Vermieter am 10. April 2014 mit, er werde die Mietsache per Ende April 2014 vorzeitig verlassen. Weil die 30-tägige Anzeigefrist nicht eingehalten wird, kann der Mieter sich von seinen vertraglichen Verpflichtungen frühestens per Ende Mai 2014 rechtswirksam befreien, wenn es ihm gelingt, einen Nachfolgemieter zu finden.

Mieter Meier verlässt am 3. Mai 2014 ohne vorherige Anzeige an den Vermieter das Mietobjekt. Er sendet dem Vermieter mittels eingeschriebener Postsendung die Schlüssel zurück und teilt ihm mit, er könne per sofort über das Mietobjekt verfügen. Diesfalls kann sich der Mieter von seinen vertraglichen Verpflichtungen frühestens per Ende Juni 2014 rechtswirksam befreien, wenn es ihm gelingt, einen valablen Nachfolgemieter zu finden.

Hinweis: *Die vorzeitige Rückgabe der Mietsache stellt stets eine Offerte zur einvernehmlichen Vertragsauflösung dar. Der Vermieter kann diese Offerte wahlweise annehmen oder ablehnen (Art. 4 f. OR). Nimmt der Vermieter die Offerte vorbehaltlos an, ist der Mieter gezwungen, das Mietobjekt am angekündigten Rückgabetag zu verlassen. Der Vermieter kann mit dem Mieter aber auch eine entsprechende Auflösungsvereinbarung treffen, in welcher festgelegt ist, bis zu welchem Zeitpunkt der Mietzins geschuldet ist. Eine vorzeitige Auflösung kann für den Vermieter folgende Vorteile haben: Er kann sich einen neuen Mieter suchen, der einen höheren Mietzins bezahlt und er kann zudem mit der allenfalls notwendigen Sanierung der Mietsache unverzüglich beginnen. Solange der ausziehende Mieter nach Art. 264 OR nicht von seinen mietvertraglichen Verpflichtungen befreit ist, darf der Vermieter nicht über die Mietsache verfügen. Somit ist ihm auch die Durchführung von Sanierungen während dieser Zeit verwehrt.*

Achtung: Nimmt der Vermieter die Mietsache (inklusive sämtlicher Schlüssel) vorbehaltlos zurück oder verlangt er gar vom Mieter die Rückgabe sämtlicher Schlüssel, wird von der Beendigung des Mietverhältnisses auf den Rückgabetag hin ausgegangen. Der Vermieter sollte deshalb stets auf dem Wohnungsrückgabeprotokoll vermerken, dass die Wohnungsrückgabe auf ausdrücklichen Wunsch des Mieters (bzw. aufgrund der freiwilligen Zusendung der Schlüssel durch den Mieter) erfolgt und diese den Mieter nicht von seinen vertraglichen Verpflichtungen entbinde.

12.2 Vorschlag eines zahlungsfähigen und zumutbaren Ersatzmieters

12.2.1 Zahlungsfähigkeit des Ersatzmieters

Entgegen der weitverbreiteten Auffassung, der Mieter müsse *drei Ersatzmieter stellen, ist gemäss Art. 264 Abs. 1 OR ein einziger ausreichend,* vorausgesetzt, dieser erfüllt die Voraussetzungen dieser Gesetzesbestimmung. Der Ersatzmieter muss zahlungsfähig sein, d.h. der Vermieter muss die Gewähr haben, dass ihm der Mietzins und die Nebenkosten vollständig zum im Mietvertrag vereinbarten Zeitpunkt bezahlt werden. Der Vermieter kann einen vertragskonformen Ersatzmieter auch dann verlangen, wenn der ausziehende Mieter mit der Zahlungspflicht im

Rückstand war oder den Mietzins jeweils verspätet bezahlte. Liegen gegen den vorgeschlagenen Ersatzmieter *mehrfache Betreibungen verschiedener Gläubiger* vor, bestehen gegen ihn Verlustscheine oder ist er aus objektiven Gründen nicht in der Lage, den vereinbarten Mietzins zuzüglich Nebenkosten zu bezahlen (es wird davon ausgegangen, dass in der Regel nicht mehr als ein Drittel des Einkommens für die Miete aufgewendet werden sollte) ist dieser nicht zahlungsfähig und kann somit vom Vermieter abgelehnt werden.

Weil sich das Verhältnis des Mietzinses zum Einkommen bei der Beurteilung der Zahlungsfähigkeit des Ersatzmieters nicht als starre Regel anwenden lässt – nicht jeder Ersatzmieter, bei dem der Mietzins etwas mehr als einen Drittel des Einkommens ausmacht, ist automatisch zahlungsunfähig – kann bei deren Beurteilung unter Umständen auch das Haftungssubstrat des bisherigen Mieters eine Rolle spielen. Ist dieses im Vergleich zu demjenigen des Ersatzmieters deutlich höher, so kann dies allenfalls gegen die Zahlungsfähigkeit des vorgeschlagenen Ersatzmieters sprechen. Das Haftungssubstrat spielt in erster Linie eine Rolle, wenn der bisherige Mieter ein ins Gewicht fallendes deutlich höheres Einkommen aufweist als der vorgeschlagene Ersatzmieter. Dies ist z.B. der Fall, wenn eine Wohnung an Doppelverdiener (beide sind Parteien des Mietvertrages) vermietet wurde, die einen alleinverdienenden Ersatzmieter vorschlagen. Ob ein kleineres Haftungssubstrat des Ersatzmieters für die Verneinung von dessen Zahlungsfähigkeit ausreicht, ist allerdings stets im konkreten Einzelfall zu prüfen und darf nicht leichtfertig angenommen werden.

Beispiel: Zwei Mieter, die gemeinsam über ein Monatseinkommen von Fr. 7'000.-- verfügen, beabsichtigen ihre Mietwohnung, für welche sie einen monatlichen Mietzins von Fr. 2000.-- bezahlen, vorzeitig zurück zugeben. Sie schlagen als Ersatzmieter einen einzelnen Mieter vor, der über ein Monatseinkommen von Fr. 5'200.-- verfügt. Weil der Ersatzmieter etwas mehr als einen Drittel seines Einkommens für den Mietzins aufwenden müsste, stellt das kleinere Haftungssubstrat für den Vermieter einen Ablehnungsgrund dar, der nicht bestanden hätte, wenn das Einkommen des bisherigen Mieters sich etwa im gleichen Rahmen bewegt hätte. Die Sachlage wäre auch anders zu beurteilen, wenn im vorgenannten Beispiel die Doppelverdiener über ein gemeinsames Ein-

> kommen von Fr. 9'000.-- verfügen, der vorgeschlagene Ersatzmieter über ein solches von Fr. 7'000.--. Diesfalls ist dessen Haftungssubstrat zwar ebenfalls kleiner. Aufgrund des günstigen Verhältnisses des Mietzinses zum Einkommens des vorgeschlagenen Nachfolgemieters (ca. 28,5%), stellt das kleinere Haftungssubstrat jedoch keinen rechtsgenügenden Ablehnungsgrund dar.

12.2.2 Zumutbarkeit

Der Ersatzmieter muss ferner für den Vermieter zumutbar sein, wobei diesbezüglich grundsätzlich von einem objektiven Zumutbarkeitsbegriff auszugehen ist. Ist der Ersatzmieter dem Vermieter beispielsweise unsympathisch, ist dies allein für eine Ablehnung nicht ausreichend. Der Vermieter darf an den Ersatzmieter nicht höhere bzw. andere Anforderungen als an den bisherigen Hauptmieter stellen.

Unzumutbare Ersatzmieter können sein:

- Errichtung eines Fast Food Standes in einem bisher als Büro vermieteten Geschäftslokal;
- Ersatzmieter übt Tätigkeit aus, die den Vermieter oder einen anderen Mieter konkurrenziert;
- junger Musiker, der zu Hause üben/Musikunterricht erteilen will (als Ersatz für ruhigen kaufmännischen Angestellten);
- Ersatzmieter, der am bisherigen Wohnort (nachweislich) gegen die Vorschriften der Hausordnung verstossen hat (z.B. Unordnung im Treppenhaus, in der Waschküche; Verletzung der Nachtruhezeiten);
- Einzelperson bei einer ausdrücklich als Familienwohnung vermieteten Wohnung;
- Grossfamilie, wenn bisher nur ein kinderloses Ehepaar die Wohnung bewohnte;
- Familie mit mehr Kleinkindern als die bisherige Mieterfamilie (vgl. ZR 62 [1963], Nr. 79, wobei aufgrund des Alters des Entscheides nicht zwingend darauf vertraut werden kann, dass in der heutigen Zeit die Anzahl Kleinkinder als alleiniger Ablehnungsgrund ausreichend wäre).

Ob ein Ersatzmieter objektiv gesehen für den Vermieter zumutbar ist oder nicht, ist im konkreten Einzelfall aufgrund des Mietvertrages (Gebrauchszweck) abzuklären. Bei der Abklärung zu berücksichtigen sind dabei auch die Lebensumstände im Mietshaus (Mieterstruktur, Lebensstil der Mieter etc.). Alter, Nationalität, Religionszugehörigkeit, soziale Stellung des Ersatzmieters können mithin im konkreten Einzelfall den Vermieter durchaus zur Ablehnung berechtigen. Es ist einleuchtend, dass Nationalität, Alter und Religionszugehörigkeit nur einen Ablehnungsgrund darstellen, wenn sich dies mit einer speziellen Mieterstruktur begründen lässt. Es sind hauptsächlich die übrigen Mieter, die unter einem nicht in die Liegenschaft passenden Ersatzmieter leiden. Bei der Vermietung von Einlegerwohnungen in Einfamilienhäusern muss der Mieter damit rechnen, dass der Vermieter höhere (allenfalls auch subjektive) Anforderungen an die Zumutbarkeit eines Ersatzmieters stellen darf, weil der Vermieter aufgrund des Zusammenlebens unter einem Dach ein besonderes Interesse an der Mieterauswahl zugesprochen werden muss. Wie bereits erwähnt, kann der Vermieter sich bei der Prüfung eines Ersatzmieters grundsätzlich nicht von Antipathien leiten lassen. Dies schliesst in der Regel aus, dass Ersatzmieter ausschliesslich aufgrund ihres Geschlechtes, aufgrund ihres Berufes, aufgrund ihrer sozialen Stellung (z.B. alleinerziehende Mutter), aufgrund von Kindern abgelehnt werden können.

Der deutsche Bundesgerichtshof in Karlsruhe hatte in einem Urteil vom 22. Januar 2003 festgehalten, dass ein Nachmieter für eine grössere Wohnung *nicht allein deshalb abgelehnt werden dürfe, weil dieser die Wohnung mit einem Kind bewohnen wolle.* Daran ändere auch der möglicherweise zu erwartende Kinderlärm nichts, weil Mieter mit normalen Wohngeräuschen, zu denen Kinderlärm zähle, zu rechnen hätten. Diese Auffassung ist im Normalfall wohl auch für die Schweiz zutreffend. Liegen *besondere Umstände* vor (z.B. Einlegerwohnung in einem vom Vermieter bewohnten Einfamilienhaus, welche bisher stets an kinderlose Mieter vermietet wurde; ruhige Wohnung in einem ausschliesslich von älteren Mietparteien bewohnten Mietliegenschaft; Alterswohnungen) kann der Vermieter aufgrund der besonderen Mieterstruktur allerdings einen Ersatzmieter mit Kind ablehnen. Ist der Mieter bei Mietvertragsabschluss über die besonderen Umstände orientiert worden, muss er sich diese im Falle der Ersatzmietersuche entgegenhalten lassen.

> **Empfehlung:** *Dem Vermieter ist aus Beweisgründen zu empfehlen, den Mieter mittels einer ausdrücklichen Bestimmung auf die besondere Mieterstruktur der Liegenschaft hinzuweisen.*
>
> **Anmerkung:** *Der in Zeiten hoher Leerwohnungsbestände bei gewissen Mietern anzutreffenden Auffassung, die Stellung eines beliebigen Ersatzmieters befreie sie von ihren vertraglichen Verpflichtungen, kann jedoch nicht gefolgt werden, weil diese Auffassung in keiner Weise dem Sinn von Art. 264 OR entspricht. Wie bereits erwähnt, sind in der Regel die (teilweise langjährigen) Mitmieter die Leidtragenden einer unsorgfältigen Auswahl durch den Vermieter.*

Wird – wie bereits erwähnt – zu Recht davon ausgegangen, dass an einen Ersatzmieter keine höheren bzw. anderen Anforderungen als an den bisherigen Mieter gestellt werden können, *so ist andererseits davon auszugehen, dass der Vermieter einen Ersatzmieter, der die an den bisherigen Mieter gestellten Anforderungen nicht erfüllt, ablehnen darf.*

Ebenfalls eine Rolle spielen können unter Umständen *subjektive Gründe,* die den Vermieter einst zum Vertragsabschluss mit dem vorzeitig ausziehenden Mieter bewogen haben. Diese Gründe müssen allerdings für den Mieter bei Vertragsabschluss klar erkennbar gewesen sein.

> **Beispiel:** Ein Vermieter vermietet seine Wohnungen aus moralischen Gründen nur an Ehepaare, nicht aber an Konkubinatspaare. Der Vermieter muss im Streitfall den Beweis dafür erbringen, dass der ausziehende Mieter vor Vertragsabschluss über diese Gründe ins Bild gesetzt wurde und sich im Klaren darüber war, dass ohne deren Vorliegen der Mietvertrag vom Vermieter nicht abgeschlossen worden wäre. Dies setzt in der Regel einen ausdrücklichen Hinweis in einem schriftlichen Mietvertrag voraus.

12.3 Übernahme des Mietverhältnisses zu den gleichen Bedingungen

Der Ersatzmieter muss bereit sein, den bestehenden Mietvertrag zu den gleichen Bedingungen zu übernehmen, soll doch der Vermieter bei der vorzeitigen Rückgabe nicht schlechter gestellt sein, als wenn der Vertrag vom bisherigen Mieter korrekt erfüllt worden wäre (BGE 117 II 160). Ist der vorgeschlagene Ersatzmieter *dazu nicht bereit oder widerruft er aus Gründen, die nicht der Vermieter zu vertreten hat, seine diesbezügliche*

Bereitschaft, so ist der bisherige Mieter von seinen vertraglichen Verpflichtungen *nicht* befreit. Gleiche Bedingungen sind in erster Linie der Verwendungszweck der Mietsache, der geltende Mietzins und die vereinbarten Nebenkosten sowie vertragliche Mietzinserhöhungsbestimmungen wie z.B. die Staffelung oder die Indexmiete, wie auch die vertraglichen Bestimmungen betreffend Dauer und Beendigung des Mietverhältnisses. *Der Vermieter ist – so hat das Bundesgericht ausdrücklich entschieden – auch dann nicht verpflichtet, einen Ersatzmieter zu akzeptieren, der einen tieferen Mietzins bezahlen will, wenn der bisherige Mieter die Differenz bezahlt* (BGE 117 II 160, E. 3b). Untersagt der Mietvertrag beispielsweise die Haltung von Hunden und Katzen, so ist ein Halter eines Hundes oder einer Katze als Ersatzmieter ebenfalls nicht tauglich.

> **Anmerkung:** *Gleiche Bedingungen heisst auch, dass allfällige Kündigungs- und Verkaufsabsichten des Vermieters dem ausziehenden Mieter entgegengehalten werden können, sofern die Kündigungsabsicht bzw. die Verkaufsabsicht des Vermieters auf einen Zeitpunkt vor der Mitteilung der vorzeitigen Rückgabe zurückzuführen ist. Der Vermieter ist diesbezüglich beweisbelastet. Der Mieter trägt das Risiko, dass er aufgrund dieser Sachlage keinen Ersatzmieter findet. Fällt der Vermieter den Kündigungs- bzw. Verkaufsentscheid jedoch erst beim oder nach Erhalt der Mitteilung der vorzeitigen Rückgabe durch den Mieter, trägt der Vermieter das Risiko eines allfälligen Leerstandes. Der Mieter ist unter diesen Umständen nicht mehr verpflichtet, nach einem Nachfolgemieter zu suchen.*

> **Beispiel 1:** Der Vermieter beschliesst im Mai 2013, seine (vermietete) Eigentumswohnung zu verkaufen. Da er keine Verkaufserfahrung hat, beauftragt er am 20. Mai den Hauseigentümerverband mit dem Verkauf der Wohnung. Am 20. Oktober 2013 teilt ihm der Mieter der Wohnung mit, er gedenke die Mietsache vorzeitig zurückzugeben (voraussichtlich per Ende Januar 2014), da er zu diesem Zeitpunkt in ein neues Eigenheim einziehen werde. Der nächste ordentliche Kündigungstermin gemäss Mietvertrag ist Ende März 2014. Die vom Mieter vorgeschlagenen Ersatzmieter verlieren jeweils ihr Interesse an der Wohnung, als sie von den Verkaufsbemühungen des Vermieters erfahren. Weil der Vermieter vorliegend nachweislich vor der Anzeige der vorzeitigen Rückgabe der

> Wohnung beschloss, diese zu verkaufen, haftet der Mieter dem Vermieter für die Mietzinse der Monate Februar und März 2014.
>
> **Beispiel 2:** Der Mieter einer Eigentumswohnung in Aarau teilt am 23. September 2013 dem Vermieter schriftlich mit, er verlasse die Wohnung ausserterminlich per Ende November 2013 und werde einen Ersatzmieter stellen. Der Vermieter, der nicht mit einem Auszug des Mieters gerechnet hatte, überdenkt die neue Lage und entscheidet sich in der Folge, die Wohnung per 1. April 2014 zu verkaufen. Mit Schreiben vom 30. September 2013 teilt er diesen Entschluss dem Mieter mit und macht ihn auf seine Mietzinsweiterzahlungsverpflichtung bis zum nächsten ordentlichen Kündigungstermin Ende März 2014 aufmerksam. Die Haftung des Mieters für die Mietzinse für die Monate Dezember 2013 bis März 2014 entfällt jedoch, da der Vermieter den Verkaufsentscheid erst nach Mitteilung der vorzeitigen Rückgabe der Mietsache fällte. Weil der Mieter bei dieser Sachlage keinen Nachfolgemieter finden wird, kann er zudem auf (unnütze) Suchbemühungen verzichten.

12.4 Kein Zwang zu Vertragsabschluss

Der vorzeitig ausziehende Mieter ist also von seinen mietvertraglichen Verpflichtungen befreit, wenn der von ihm vorgeschlagene Ersatzmieter einerseits zahlungsfähig und zumutbar ist und andererseits die tatsächliche Bereitschaft bekundet, den Mietvertrag zu den gleichen Bedingungen zu übernehmen. *Der Vermieter ist jedoch nicht verpflichtet, den vorgeschlagenen Ersatzmieter zu berücksichtigen.* Er kann sich ohne Weiteres für einen Interessenten seiner Wahl entscheiden. Mit diesem kann er auch vom bisherigen Mietvertrag abweichende Konditionen vereinbaren.

Ist der vom Vermieter bevorzugte Mietinteressent allerdings nicht in der Lage, auf den Auszugstermin des bisherigen Mieters die Wohnung zu übernehmen, muss der Vermieter den Mietzinsausfall tragen, kann also nicht den ausziehenden Mieter belangen. Unzulässig ist es, dem ausziehenden Mieter die Stellung eines Ersatzmieters faktisch zu verunmöglichen. Diesfalls wäre der Mieter ebenfalls von seinen Verpflichtungen befreit. Der Vermieter kann also nicht etwa auf einen nach der ihm mitgeteilten vorzeitigen Rückgabe liegenden Termin ohne ausdrückliche Einwilligung des ausziehenden Mieters hin mit einem neuen Mieter einen

Vertrag abschliessen und vom bisherigen Mieter die Fortzahlung des Mietzinses verlangen.

Hat der Mieter die Mietsache ohne Hinweis auf eine beabsichtigte vorzeitige Rückgabe *form-, frist- und termingerecht* gekündigt, kann sich der Vermieter auf diese Kündigung verlassen und auf den Kündigungstermin hin über das Mietobjekt frei verfügen. Der Mieter könnte nur noch für die verbleibende Zeit bis zum Kündigungstermin einen Ersatzmieter stellen, falls er nach bereits erfolgter Kündigung die Mietsache vorzeitig zurückgeben möchte.

> **Hinweis:** *Da der Vermieter nicht verpflichtet ist, mit dem gesetzeskonform vorgeschlagenen Ersatzmieter einen Vertrag abzuschliessen, kann der ausziehende Mieter nicht erzwingen, dass der Vermieter einen Ersatzmieter seiner Wahl (Freund, Bekannter, Arbeitnehmer etc.) berücksichtigt. Dies gilt auch in denjenigen Fällen, in denen der Mieter Anschaffungen für die Mietwohnung getätigt hat (z.B. Geschirrspülmaschine, Garderobe, Einbauschrank etc.) und dafür einen Nachfolgemieter gefunden hat, der bereit wäre, die Einrichtungen zu übernehmen. Es spielt auch keine Rolle, ob der Nachfolgemieter derartige Einrichtungen gegen Entgelt oder entschädigungslos übernehmen würde.*

12.5 Prüfung des Ersatzmieters

Der Vermieter hat das Recht, den ihm vom Mieter vorgeschlagenen Ersatzmieter zu prüfen und gegebenenfalls zu akzeptieren. Unterlässt er die Prüfung oder macht er gegenüber dem vorgeschlagenen Ersatzmieter auf Obstruktion, wird der ausziehende Mieter von seinen vertraglichen Verpflichtungen befreit. Der Vermieter ist nicht verpflichtet, von sich aus einen Ersatzmieter zu suchen. Die Unterlassung der Mitwirkung bei der Ersatzmietersuche durch den Vermieter befreit den Mieter nicht von dessen Verbindlichkeiten. Im Rahmen der in Art 264 Abs. 3 OR geregelten Schadenminderungspflicht wird dem Vermieter dagegen angerechnet, was durch anderweitige Verwendung der Sache gewinnt oder absichtlich zu gewinnen unterlassen hat. Teilt der Vermieter dem Mieter allerdings mit, er – der Vermieter – werde sich *alleine* um einen Nachfolgemieter kümmern, ist der Mieter auch im Falle erfolgloser Suchbemühungen des Vermieters von seinen vertraglichen Verpflichtungen befreit.

Zur gewissenhaften Prüfung des bzw. der vorgeschlagenen Ersatzmieter steht dem Vermieter eine angemessene Frist zur Verfügung. Diese Frist

beträgt nach herrschender Lehrauffassung grundsätzlich einen Monat. Bei professionellen Liegenschaftsverwaltungen wird von kürzeren Fristen ausgegangen. Bei komplexen Mietverhältnissen (z.B. Geschäftsmiete) kann dagegen unter Umständen eine längere Prüfungsfrist angezeigt sein. Der Mieter hat dem Vermieter die zur Prüfung notwendigen Informationen zur Verfügung zu stellen. Der Vermieter darf zur Prüfung von Zahlungsfähigkeit und Zumutbarkeit des Ersatzmieters Auskünfte beim Betreibungsamt und bei Drittpersonen einholen (z.B. bei Nachbarn, früherem Vermieter, Referenzpersonen etc.). Bezüglich letzteren sollte der Vermieter die Zustimmung des Ersatzmieters einholen (Anmeldeformular für Mietinteressenten). Der ausziehende Mieter hat sich eine allfällige Weigerung des Ersatzmieters zu seinem Nachteil anrechnen zu lassen.

Der Vermieter kann vom Mieter zudem verlangen, dass die vorzeitige Rückgabe der Mietsache auf ein Monatsende fällt. Es ist vor allem bei Wohnraummietverhältnissen üblich, dass Übernahme und Rückgabe der Mietsache auf ein Monatsende fallen. Die gesetzlichen (d.h. ortsüblichen Kündigungstermine) fallen ausschliesslich auf ein Monatsende. Werden im Mietvertrag andere als die ortsüblichen Kündigungstermine vereinbart, ist es ebenfalls Usanz, andere Monatsenden (z.B. jedes Monatsende) als Kündigungstermine zu vereinbaren. Bei Zahlungsverzug des Mieters von Wohn- und Geschäftsräumen sieht das Gesetz ebenfalls vor, dass die Kündigung des Vermieters nur auf ein Monatsende hin ausgesprochen werden kann. Der Vermieter muss sich daher darauf verlassen können, dass eine vorzeitige Rückgabe stets nur auf ein Monatsende hin rechtswirksam wird. Eine vorzeitige Rückgabe der Mietsache beispielsweise auf den 10. oder 15. des Monats muss der Vermieter somit nicht akzeptieren. Zieht der Mieter trotzdem an einem solchen Termin vorzeitig aus – was sich selbstverständlich nicht verhindern lässt – so wird er stets nur auf ein Monatsende hin von seinen vertraglichen Verpflichtungen befreit, und zwar auch dann, wenn er einen Ersatzmieter per Monatsmitte gestellt hätte.

Beispiel: Der Mieter einer 3-Zimmer-Wohnung im Kanton Zürich gibt am 20. November 2013 die Wohnung vorzeitig zurück, indem er dem Vermieter sämtliche Wohnungsschlüssel per eingeschriebener Post zustellt. Das Mietverhältnis endet nach Mietvertrag ordentlich am 31. März 2014. Der Mieter kann sich durch die Stellung eines Ersatzmieters frühestens per 31. Dezember 2013 von seinen vertraglichen Verpflichtungen befreien.

12.6 Schadenminderungspflicht des Vermieters

Gelingt es dem Mieter nicht, innert angemessener Frist einen Ersatzmieter zu finden, ist dem Vermieter wegen der vorgenannten Schadenminderungspflicht zu empfehlen, diesem bei der Suche behilflich zu sein.

Die Schadenminderungspflicht bedeutet nun aber keineswegs, dass der Vermieter gehalten wäre, von Anfang an ebenfalls nach einem Ersatzmieter zu suchen. Das Gesetz hält unmissverständlich fest, dass die Suche eines Ersatzmieters Sache des Mieters ist. Bleibt die Suche des Mieters erfolglos oder unternimmt dieser gar keine Suchbemühungen, so bleibt der Mieter grundsätzlich an den Vertrag gebunden. *Der Vermieter hat vielmehr das Recht, vorerst das Resultat der Suchbemühungen des vertragsbrüchig gewordenen Mieters abzuwarten.*

Hinweis: *Der Regelung von Art. 264 Abs. 3 lit. b OR liegt gemäss Urteil des Bundesgerichtes das Prinzip zugrunde, dass der Vermieter das ihm unter den gegebenen Umständen Zumutbare zu tun hat, um den Schaden gering zu halten, der ihm aus der Vertragsverletzung des Mieters entsteht. Diese Schadenminderungsobliegenheit wird jedoch eingeschränkt, indem vom Gesetz ein absichtlicher Verstoss verlangt wird, was zeigt, dass nur bewusste und schwerer wiegende Unterlassungen zu einer Reduktion des Mietzinsanspruchs führen können (BGE 117 II 156 ff.).*

Sucht der Mieter für den Vermieter erkennbar keinen Ersatzmieter oder ist dieser – wiederum für den Vermieter erkennbar – offenbar nicht in der Lage, einen den gesetzlichen Voraussetzungen entsprechenden Ersatzmieter zu finden, wird sich die Frage der Schadenminderungspflicht stets früher stellen. Eine sofortige Aufnahme von Suchbemühungen kann dem Vermieter aber auch dann nicht zugemutet werden, wenn der vertragsbrüchige Mieter zu erkennen gibt, dass er keinen Ersatzmieter suchen werde. Der Vermieter darf für sich in jedem Fall eine Wartefrist von einigen Wochen beanspruchen, also auch dann, wenn der Mieter keine Suchbemühungen unternimmt.

Hinweis: *Das Bezirksgericht Zürich hat in einem Entscheid aus dem Jahre 1993 festgehalten, dass dem Vermieter nicht vorgeworfen werden*

> könne, mit eigenen Suchbemühungen zwei Monate zugewartet zu haben, nachdem er den Mieter zur Stellung eines Ersatzmieters aufgefordert hatte. Dieser Entscheid trägt der Tatsache Rechnung, dass der Mieter den Vertrag bricht.

13. Kündigungsschutz bei der Miete von Wohn- und Geschäftsräumen

13.1. Nichtigkeit der Kündigung

13.1.1 Formnichtigkeit

Eine nichtige Kündigung erzeugt von Gesetzes wegen keine Wirkung. Eine nichtige Kündigung wird in rechtlicher Hinsicht so behandelt, als ob sie nie ausgesprochen worden wäre. Eine Anfechtung ist nicht notwendig. Der Richter hat von Amtes wegen zu prüfen, ob eine nichtige Kündigung vorliegt. Im Falle einer formnichtigen Kündigung kann der Formfehler berichtigt werden, indem eine den gesetzlichen Anforderungen entsprechende Kündigung ausgesprochen wird. Unter Umständen kann aber der ursprünglich avisierte Kündigungstermin nicht mehr eingehalten werden.

Eine Kündigung des Vermieters ist nichtig, wenn er das amtliche Kündigungsformular nicht verwendet oder bei einer Familienwohnung die Kündigung nicht separat an beide Ehegatten bzw. an beide eingetragenen Partner richtet (Art. 266l, Art. 266n OR in Verbindung mit Art. 266o OR). Ebenfalls nichtig ist eine Kündigung wegen Zahlungsverzugs gestützt auf Art. 257d OR, wenn die Ansetzung einer Zahlungsfrist mit Kündigungsandrohung bei einer Familienwohnung nicht beiden Ehegatten bzw. beiden eingetragenen Partnern separat zugestellt wurde (Art. 266n in Verbindung mit Art. 266o OR).

Eine Kündigung des Mieters ist nichtig, wenn diese nicht in schriftlicher Form erfolgt oder wenn eine Familienwohnung ohne ausdrückliche Zustimmung des Ehepartners bzw. eingetragenen Partners gekündigt wurde (Art. 266l, Art. 266m in Verbindung mit Art. 266o OR). Die Zustimmung des Ehegatten kann allerdings bis zu Beginn der Kündigungsfrist nachgereicht werden.

13.1.2 Andere nichtige Kündigungen

Wenn bei einer Mehrheit von Vermietern oder Mietern die Kündigung nicht von allen Beteiligten unterzeichnet oder nicht an alle Beteiligten gerichtet war, liegt ebenfalls eine nichtige Kündigung vor. Die Kündigung, die der Erwerbers einer Liegenschaft ausspricht, ist nichtig, wenn dieser vor dem Eigentumsübergang kündigt. Für den Eigentumsübergang ist der Eintrag im Tagebuch des Grundbuches massgebend. Selbstredend sind Kündigungen stets nichtig, wenn sie nicht von einer Vertragspartei ausgesprochen werden bzw. sich nicht an eine Vertragspartei richten.

13.1.3 Unwirksame Kündigungen

Wenn die gesetzlichen oder vertraglichen Voraussetzungen für die Aussprechung einer *ausserordentlichen Kündigung* fehlen, liegt eine unwirksame Kündigung vor. Eine unwirksame Kündigung ist – wie eine nichtige Kündigung – unbeachtlich. Unwirksame Kündigungen müssen – wie nichtige Kündigungen – nicht angefochten werden.

13.2 Anfechtung der Kündigung

13.2.1 Rechtsmissbräuchliche Kündigungen

Eine Kündigung, die gegen den Grundsatz von Treu und Glauben verstösst, ist gemäss Art. 271 OR anfechtbar (sog. *rechtsmissbräuchliche Kündigung*). Es spielt keine Rolle, ob es sich um eine ordentliche oder um eine ausserordentliche Kündigung handelt. Voraussetzung ist dagegen, dass eine gültige Kündigung vorliegt. Anfechtbar sind sowohl Kündigungen des Vermieters als auch solche des Mieters. Will eine Partei die Kündigung als rechtsmissbräuchlich anfechten, so muss sie das Begehren *innert 30 Tagen nach Empfang der Kündigung der Schlichtungsbehörde einreichen* (Art. 273 Abs. 1 OR). Die dreissigtägige Anfechtungsfrist beginnt erst mit dem tatsächlichen Zugang der Kündigung beim Adressaten (der Tag der Entgegennahme wird nicht gezählt), d.h. bei nicht abgeholten eingeschriebenen Postsendungen erst am Tage nach Ablauf der siebentägigen postalischen Abholfrist. Eine unwirksame Kündigung (z.B. eine nichtige Kündigung) muss nicht angefochten werden. Ficht der von der (grundsätzlich gültigen) Kündigung Betroffene diese an, so hat die Schlichtungsbehörde bzw. das Gericht zu prüfen, ob die angefochtene Kündigung missbräuchlich, treuwidrig oder unlauter ist. Die Bejahung der Rechtsmissbräuchlichkeit der Kündigung führt zu deren Ungültigerklärung. Bei der Überprüfung der Kündigung kommt den Umständen, die zur Kündigung geführt haben, ebenfalls eine wesentliche Bedeutung zu. *Unterbleibt die Anfechtung innert der dreissigtägigen Frist, wird selbst eine rechtsmissbräuchliche Kündigung wirksam.*

Grundsätzlich **nicht missbräuchlich** sind:

- Kündigungen wegen Vertragsverletzungen durch den Mieter bzw. Kündigungen wegen gesetzlicher Pflichten des Mieters (nicht vertragskonformer Gebrauch der Mietsache; Verletzung der Nachtruhe; Verweigerung der Bezahlung der Sicherheitsleistung; verspätete Bezahlung der Mietzinse trotz Abmahnung; Nichtbezahlung des Saldos aus der Nebenkostenabrechnung (ausgenommen unbedeutende Beträge); verbotene Haustierhaltung; Missachtung der Hausordnung; Verletzung der Meldepflicht (Art. 257g OR); (wiederholte) Verletzung von Duldungspflichten (Verweigerung des Zutrittsrechts des Vermieters); eigenmächtige Untervermietung; eigenmächtige Vornahme von Erneuerungen/Änderungen am Mietobjekt durch den Mieter;

- Kündigungen wegen Eigenbedarf des Vermieters/naher Verwandter;

- Kündigungen wegen Weitervermietung an einen anderen Vertragspartner;

- Kündigungen zur Erzielung eines höheren nicht missbräuchlichen Mietzinses durch den Vermieter;

- Kündigungen zwecks Umbau der Mietliegenschaft;

- Kündigungen zwecks Verkauf der Liegenschaft;

- Kündigungen zwecks Wahrung des Hausfriedens (Streit unter Mietern). Ausgehend vom Grundsatz, wonach eine Kündigung stets gültig ist, wenn sie einem schützenswerten Interesse entspricht, kann es keine Rolle spielen, ob der Mieter, dem gekündigt worden ist, für die Unverträglichkeit die hauptsächliche „Schuld" trägt oder ob er allenfalls einen nur untergeordneten „Tatbeitrag" geleistet hat. Dem Vermieter können keine diesbezüglichen Abklärungen zugemutet werden. Eine Kündigung die zur Wiederherstellung des Hausfriedens dient, ist nicht missbräuchlich (Entscheid der Schlichtungsbehörde Zürich vom 8. März 1995 in MRA 5/1995, S. 250 ff.);

- Kündigung eines separat vermieteten Autoabstellplatzes (zwei Mietverträge) an einen anderen Mieter (BGE-Entscheid), wenn kein einheitliches Mietverhältnis vorliegt (was wiederum strittig sein kann). Selbst bei einem funktionalen Zusammenhang zwischen Haupt- und Nebensache muss nicht zwingend ein einheitliches Mietverhältnis vorliegen.
- Nach einem Teil der Lehre: Kündigungen zur Durchsetzung religiöser oder moralischer Vorstellungen des Vermieters, wenn derartige Vorstellungen im Vertrag umschrieben sind (z.B. Konkubinatsverbot) oder der Mieter aus der Vermieterstellung (z.B. römisch-katholische Kirche, Blaues Kreuz) zwingend auf derartige Vorgaben schliessen musste.

Folgende Kategorien von Kündigungen gelten gestützt auf Art. 271 OR (neben den in Art. 271a OR angeführten Kündigungstatbeständen) als rechtsmissbräuchlich:

- **zweckwidrige Anwendung der Kündigung**

  Änderungskündigung, bei der objektiv keine Chance besteht,

  dass sich der Mieter den Druckversuchen des Vermieters

  fügt. z.B. Rachekündigung, weil die Mieterin sich weigert,

  eine Liebesbeziehung mit dem Vermieter einzugehen.

- **Kündigung als widersprüchliches Verhalten**

  Kündigung trotz anderslautender Vereinbarung; Kündigung

  wegen eines Verhaltens des Mieters, welches der Vermieter

  wissentlich während längerer Zeit widerspruchslos

  hingenommen hat; bewusste Angabe falscher Kündigungsgründe.

- **Kündigung als schonungslose Rechtsausübung**

  Kündigung wegen Bagatellen; Kündigung, weil der Mieter

  ausnahmsweise ein paar Tage mit der Mietzinszahlung in Verzug

  war; Kündigung wegen einer einmaligen Vertragsverletzung

  durch den Mieter, ohne vorgängige Abmahnung.

Das Gesetz stellt in Art. 271a OR einen nicht abschliessenden Katalog von rechtsmissbräuchlichen Vermieterkündigungen auf. Die ersten drei

Tatbestände (Abs. 1 lit. a bis c) dienen dem Schutz des Mieters als sozial schwächere Partei. Der Tatbestand von Abs. 1 lit. f dient dem Schutz der familiären Situation des Mieters. Ist einer dieser vier Tatbestände gegeben, wird vermutet, die Kündigung sei rechtsmissbräuchlich. Abs. 1 lit. d und e und Abs. 2 regeln den Kündigungsschutz in zeitlicher Hinsicht. Kündigungen, welche während der Dauer eines Schlichtungs- oder Gerichtsverfahrens – welches mit dem Mietverhältnis zusammenhängt – oder während einer Sperrfrist von drei Jahren nach Abschluss eines derartigen Verfahrens ausgesprochen werden, gelten grundsätzlich als rechtsmissbräuchlich. Beruft sich der Vermieter allerdings zu Recht auf einen der in Abs. 3 abschliessend aufgezählten Kündigungsgründe, entfällt der zeitliche Kündigungsschutz des Mieters. Kündigungen, die einen der in Art. 271a Abs. 1 und 2 OR angeführten Tatbestände erfüllen, sind nicht nichtig. Der Mieter muss – wie bereits erwähnt – zwingend ein Anfechtungsverfahren einleiten, um die Ungültigerklärung der Kündigung zu erwirken.

Kündigungen durch den Vermieter gelten als *rechtsmissbräuchlich*, wenn sie ausgesprochen werden:

- weil der Mieter nach Treu und Glauben Ansprüche aus dem Mietverhältnis geltend macht oder gemacht hat (lit. a; Vergeltungskündigungen);
- weil der Vermieter eine einseitige Vertragsänderung zu Lasten des Mieters oder eine Mietzinsanpassung durchsetzen will (lit. b; Pressions- oder Änderungskündigungen);
- allein um den Mieter zum Erwerb der gemieteten Wohnung zu veranlassen (lit. c; congé-vente-Kündigung);
- während eines mit dem Mietverhältnis zusammenhängenden Schlichtungs- oder Gerichtsverfahrens, ausser wenn der Mieter das Verfahren missbräuchlich eingeleitet hat (lit. d);
- vor Ablauf von drei Jahren nach Abschluss eines mit dem Mietverhältnis zusammenhängenden Schlichtungs- oder Gerichtsverfahrens, in dem der Vermieter:

1. zu einem erheblichen Teil unterlegen ist;
2. seine Forderung oder Klage zurückgezogen oder erheblich eingeschränkt hat;

3. auf die Anrufung des Richters verzichtet hat;
4. mit dem Mieter einen Vergleich geschlossen oder sich sonst wie geeinigt hat (lit. e);

- wegen Änderungen in der familiären Situation des Mieters, aus denen dem Vermieter keine wesentlichen Nachteile entstehen (lit. f);
- wenn der Mieter durch Schriftstücke nachweisen kann, dass er sich mit dem Vermieter ausserhalb eines Schlichtungs- oder Gerichtsverfahrens über eine Forderung aus dem Mietverhältnis geeinigt hat (Abs. 2; Streitkündigung).

Anmerkungen:

Kündigungen gemäss Art. 271a Abs. 1 lit. a, b, c und f OR setzen stets einen adäquaten Kausalzusammenhang zwischen der Kündigung und den darin umschriebenen Sachverhalten voraus, bei deren Vorliegen der Mieter Kündigungsschutz geniesst. Voraussetzung ist demgemäss, dass der Sachverhalt (z.B. Geltendmachung einer Mietzinsreduktion durch den Mieter) den Vermieter zur Kündigung veranlasst hat. So fehlt es z.B. bei einer Kündigung, die der Vermieter ein Jahr vor Eintritt der Ehescheidung des Mieters aussprach, am adäquaten Kausalzusammenhang zwischen der Kündigung und der Änderung in der familiären Situation des Mieters.

Liegen Kündigungstatbestände gemäss Art. 271a Abs. 1 lit. a, b, c und f sowie Abs. 2 OR vor, wird der adäquate Kausalzusammenhang stets dann vermutet, wenn zwischen dem Eintritt des den Kündigungsschutz auslösenden Sachverhaltes und der Kündigung durch den Vermieter nur eine kurze Zeit verstrichen ist.

Bei der Geltendmachung von Ansprüchen durch den Mieter im Sinne von lit. a ist vorauszusetzen, dass sie sich auf eine mietvertragliche oder gesetzliche Grundlage stützen und es sich nicht um Bagatellansprüche handelt. Ohne vertragliche Grundlage fallen z.B. Schönheitsvorstellungen des Mieters über Teppiche, Küchenboden, Farbanstrich etc. nicht unter lit. a.

Eine Kündigung infolge Änderung der familiären Situation des Mieters ist nicht rechtsmissbräuchlich, wenn dem Vermieter dadurch ein wesentlicher Nachteil entsteht. Der Nachteil muss objektiv schwerwiegend sein.

> *Ein wesentlicher Nachteil ist beispielsweise gegeben, wenn die familiäre Änderung zu einer Überbelegung der Wohnung führt. Das ist dann der Fall, wenn die Freundin des Mieters mit ihren zwei Kindern in dessen Zwei-Zimmer-Mietwohnung einzieht.*
>
> *Unter Forderungen im Sinne von Art. 271a Abs. 2 OR sind gemäss Gesetzesmaterialien ausschliesslich Geldforderungen oder geldwerte Ansprüche zu verstehen (Mietzinsreduktion, Schadenersatzansprüche etc.).*
>
> *Die dreijährige Kündigungssperrfrist beginnt mit dem Tag, der dem Abschluss des Schlichtungs- oder Gerichtsverfahrens folgt. Bei Nichteinigungen oder Einigungen im Schlichtungsverfahren gilt der Tag, an welchem die Schlichtungsbehörde Nichteinigung bzw. Einigung festgestellt hat, als Tag des Verfahrensabschlusses. Der Lauf der dreijährigen Frist beginnt am folgenden Tag.*
>
> *Die Aussicht auf eine dreijährige Kündigungssperre könnte den Mieter veranlassen, in rechtsmissbräuchlicher Weise ein Verfahren gegen den Vermieter einzuleiten. Eine Kündigung des Vermieters ist gestützt auf Art. 271a Abs. 1 lit. a OR jedoch nur dann anfechtbar, wenn der Mieter nach Treu und Glauben Ansprüche aus dem Mietverhältnis geltend macht. Kein Kündigungsschutz wird dem Mieter während der Dauer eines mit dem Mietverhältnis zusammenhängenden Schlichtungs- oder Gerichtsverfahrens eingeräumt, wenn der Mieter das Verfahren rechtsmissbräuchlich eingeleitet hat. Ferner lösen Einigungen über Ansprüche des Mieters aus dem Mietverhältnis, die Bagatellcharakter haben, keine dreijährige Kündigungssperre aus.*
>
> *Weist die Schlichtungsbehörde eine Kündigungsanfechtung des Mieters ab, so hat sie von Amtes wegen zu prüfen, ob das Mietverhältnis erstreckt werden kann.*

13.2.2 Einschränkung des Kündigungsschutzes

Kündigungen, die während eines Schlichtungs- oder Gerichtsverfahrens sowie in den drei darauffolgenden Jahren ausgesprochen werden, sind gemäss Art. 271a Abs. 3 OR nicht anfechtbar, wenn sie aus folgenden Gründen erfolgen:

- Vorliegen dringenden Eigenbedarfs des Vermieters für sich, nahe Verwandte oder Verschwägerte;
- Zahlungsrückstand des Mieters gemäss Art. 257d OR;

- schwere Verletzung von Sorgfalts- und Rücksichtnahmepflichten bzw. von vertraglichen Verpflichtungen, die mit dem Gebrauch der Mietsache zusammenhängen, durch den Mieter gemäss Art. 257f Abs. 3 und 4 OR;
- Veräusserung des Mietobjektes gemäss Art. 261 OR;
- Vorliegen wichtiger Gründe gemäss Art. 266g OR;
- Konkurs des Mieters gemäss Art. 266h OR.

Bei der Veräusserung einer Liegenschaft ist der Erwerber an die dreijährige Kündigungssperre gebunden, sofern er den Mietvertrag nicht wegen dringenden Eigenbedarfs auf den nächstmöglichen gesetzlichen Termin (unter Einhaltung der gesetzlichen Frist) kündigt.

13.2.3 Kein Verzicht auf Kündigungsschutz

Die gesetzlichen Bestimmungen über den Kündigungsschutz (Art. 271 ff. OR) sind zwingender Natur. Der Mieter kann demgemäss *nicht im Voraus auf das Recht verzichten*, eine Kündigung anzufechten bzw. eine Erstreckung des Mietverhältnisses zu verlangen. Abweichende Vereinbarungen sind nichtig (Art. 273c OR).

13.3 Erstreckung des Mietverhältnisses

13.3.1 Bei Härtefall für den Mieter und/oder dessen Familie

Art. 272 OR räumt dem Mieter von Wohn- und Geschäftsräumen die Möglichkeit ein, die Erstreckung seines Mietverhältnisses zu verlangen, wenn dessen Beendigung für ihn oder seine Familie eine Härte zur Folge hätte, die durch die Interessen des Vermieters nicht zu rechtfertigen ist. Voraussetzung der Geltendmachung der Erstreckung ist das Vorliegen einer gültigen Kündigung durch den Vermieter. Auch eine juristische Person oder eine öffentlich-rechtliche Körperschaft kann bei Vorliegen der Voraussetzungen von Art. 272 OR eine Erstreckung des Mietverhältnisses verlangen.

Vorerst ist jeweils zu prüfen, ob ein Härtefall für den Mieter (und/oder dessen Familie) vorliegt. Wird das Vorliegen eines Härtefalles bejaht, so ist zwingend eine Interessenabwägung vorzunehmen.

Anmerkung: *Unter Härte sind alle Umstände des konkreten Einzelfalls zu verstehen, die dem Mieter die erfolgreiche Suche nach einem Ersatz*

> *innert der ihm bis zur Beendigung des Mietverhältnisses noch verbleibenden Zeit erschweren oder gar verunmöglichen. Dabei ist die vom Mieter angestrebte Ersatzlösung (Suche nach einer neuen Wohnung oder einem neuen Geschäftslokal; in Kürze anstehender Umzug ins Eigenheim, Altersheim etc.; in Kürze anstehender Wegzug ins Ausland) mitzuberücksichtigen.*

Der Mieter hat Anspruch darauf, ein zumutbares Ersatzobjekt zu suchen, welches allerdings weder absolut gleichwertig noch absolut ideal sein muss. Als Härtegründe fallen Umstände ausser Betracht, die die Suche nach einem Ersatzobjekt zwar erschweren, aber durch den Zeitablauf nicht gemildert werden (z.B. Umzug in das elterliche Haus nach dem in acht Jahren geplanten Eintritt der Eltern ins Altersheim). Die üblichen mit einem Umzug verbundenen Unannehmlichkeiten (Instandstellung und Reinigung der Wohnung, Umzugskosten, Anschaffung von neuen Möbeln etc.) gelten nicht als Härte im Sinne von Art. 272 OR. Ebenso wenig eine Härte zu begründen vermag die persönliche Vorliebe des Mieters für das gekündigte Mietverhältnis und zwar selbst dann nicht, wenn dieses bereits während längerer Zeit bestanden hat.

Bei der Interessenabwägung hat die Schlichtungsbehörde insbesondere zu berücksichtigen was folgt (Art. 272 Abs. 2 OR):

- die Umstände des Vertragsabschlusses und den Inhalt des Vertrages;
- die Dauer des Mietverhältnisses;
- die persönlichen, familiären und wirtschaftlichen Verhältnisse der Parteien und deren Verhalten;
- einen allfälligen Eigenbedarf des Vermieters für sich, nahe Verwandte oder Verschwägerte sowie dessen Dringlichkeit;
- die Verhältnisse auf dem örtlichen Markt für Wohn- und Geschäftsräume.

Anmerkungen/Empfehlungen:

Bei längerdauernden befristeten Mietverhältnissen darf eine Erstreckung nur mit Zurückhaltung in Erwägung gezogen werden, steht doch dem Mieter grundsätzlich genügend Zeit zur Verfügung, ein Ersatzobjekt zu suchen. Es kann von ihm erwartet werden, dass er im Hinblick auf den (ihm bekannten) Ablauf des Mietverhältnisses, frühzeitig mit ausreichen-

den Suchbemühungen beginnt. Kann der Mieter keine solchen nachweisen, ist das Erstreckungsbegehren abzuweisen.

Dem Vermieter ist im Hinblick auf ein mögliches Erstreckungsverfahren zu empfehlen, einen allfälligen Grund für die Befristung des Mietverhältnisses ausdrücklich im Vertrag anzuführen. *Der Vermieter will beispielsweise erst nach seiner Pensionierung in fünf Jahren in das neu erworbene Einfamilienhaus einziehen. Er vermietet deswegen das Haus für eine feste Dauer von fünf Jahren (befristetes Mietverhältnis) und hält im Vertrag ausdrücklich fest, weshalb er mit dem Mieter ein befristetes Vertragsverhältnis eingegangen ist. Ein derartiger Umstand steht der Gewährung einer Erstreckung grundsätzlich entgegen.*

Folgende persönliche und familiäre Interessen des Mieters können für die Gewährung einer Erstreckung massgebend sein: Behinderung; schwere Krankheit; Betagtheit; mehrere Kinder; Bindung an einen bestimmten Wohnort, weil die Kinder dort eine Schule bzw. eine Lehre absolvieren; längerandauernde Ortsabwesenheit des Mieters infolge Militärdienstes (Ausbildung zum Offizier); Bindung des Geschäftsmieters an ein bestimmtes Quartier (Bekanntheitsgrad bei den Kunden) etc.

Keine Erstreckung ist dagegen zu gewähren, wenn der Mieter psychisch krank ist und die Nachbarn ängstigt bzw. belästigt. Ebensowenig, wenn der Mieter den im selben Haus wohnenden Vermieter mit Gewaltanwendung oder dem Tode bedroht.

Die wirtschaftlichen Verhältnisse des Mieters bestimmen wesentlich das Marktsegment, in welchem sich der Mieter nach einem zumutbaren Ersatzobjekt umsehen muss.

Liegt ein Härtefall vor und überwiegen im Rahmen der Interessenabwägung die Mieterinteressen, ist das Mietverhältnis zwingend zu erstrecken. Bei in etwa gleichgewichtigen Interessen von Vermieter und Mieter ist dem Mieter grundsätzlich eine Erstreckung zu gewähren (Ausfluss aus dem von Art. 272 OR angestrebten Schutz des Mieters).

13.3.2 Dauer der Erstreckung

Bei Wohnräumen kann das Mietverhältnis um höchstens vier, bei Geschäftsräumen um höchstens sechs Jahre erstreckt werden. Im Rahmen der Maximaldauer können eine oder zwei Erstreckungen gewährt werden (Art. 272b OR).

Lässt sich keine sichere Prognose über die Entwicklung der Interessenlagen der Parteien machen, so ist eine Ersterstreckung auszusprechen. Die Gewährung der Ersterstreckung gilt als Regelfall, lassen sich doch in den meisten Fällen keine sicheren Vorhersagen machen. Bei der Bemessung der Erstreckungsdauer ist stets zu berücksichtigen, ob es sich beim vom Mieter geltend gemachten Härtefall um einen solchen leichten, mittleren oder schweren Grades handelt.

Im Falle einer Ersterstreckung können gemäss bundesgerichtlicher Rechtsprechung grundsätzlich keine allzu hohen Anforderungen an die Suchbemühungen des Mieters gestellt werden. Dies kann bei befristeten Mietverhältnissen nicht gelten, zumal der Mieter diesfalls Kenntnis vom Zeitpunkt hat, in dem das Mietverhältnis endet. Er hat daher – auch im eigenen Interesse – die Suche nach einem Ersatzobjekt frühzeitig in Angriff zu nehmen.

> **Empfehlung:** *Dem Vermieter ist im Hinblick auf ein mögliches Erstreckungsverfahren zu empfehlen, einen allfälligen Grund für die Befristung des Mietverhältnisses ausdrücklich im Mietvertrag anzuführen, sofern es für ihn wesentlich ist, nach Ablauf des befristeten Mietverhältnisses wieder über die Mietsache verfügen zu können (z.B. Befristung des Mietverhältnisses auf sechs Jahre, weil der Vermieter zu diesem Zeitpunkt pensioniert wird und wieder in sein Einfamilienhaus einziehen möchte).*

Der Mieter kann eine zweite Erstreckung verlangen, sofern nicht schon im ersten Erstreckungsentscheid eine zweite Erstreckung definitiv ausgeschlossen wurde. Die Gewährung einer Zweiterstreckung setzt im Gegensatz zur Ersterstreckung stets *zwingend* voraus, dass der Mieter *während der Dauer der Ersterstreckung ausreichende Suchbemühungen nach einer Ersatzlösung unternahm*. Der Mieter ist von Gesetzes wegen verpflichtet, alles ihm Zumutbare zu unternehmen, um die Härte abzuwenden. Vom Mieter wird ein qualifizierter Nachweis seiner Bemühungen bezüglich der Suche nach einem Ersatzobjekt verlangt (schriftlicher Nachweis von Bewerbungen bei Liegenschaftsverwaltungen und privaten Vermietern, Platzierung eigener Inserate in Zeitungen und Geschäften etc.). Es kann dem Mieter zudem zugemutet werden, die Anforderungen an das Ersatzobjekt zu reduzieren. Bei ungenügenden Suchbemühungen ist ihm deshalb keine weitere Erstreckung zuzubilligen. *Eine allfällige zweite Erstreckung kann selbstverständlich nur soweit gewährt werden, als die gesetzliche Maximaldauer (Wohnungen 4 Jah-*

re/Geschäftsräume 6 Jahre) dazu überhaupt noch einen Spielraum offen lässt.

13.3.3 Erstreckungsvereinbarung

Der Mieter kann nicht im Voraus auf seinen Erstreckungsanspruch verzichten. Abweichende Vereinbarungen sind nichtig (Art. 273 c OR).

Nach der Kündigung des Mietverhältnisses durch den Vermieter können die Parteien eine Erstreckungsvereinbarung treffen, welcher die gleiche Wirkung zukommt wie einer von der Schlichtungsbehörde oder dem Gericht eingeräumten Erstreckung (Art. 272b OR). Die Vereinbarung kann aussergerichtlich, vor der Schlichtungsbehörde oder vor dem Gericht getroffen werden. Im Rahmen einer Erstreckungsvereinbarung kann bezüglich der Dauer von den im Gesetz festgelegten Maximalfristen abgewichen werden. Zudem kann der Mieter auf eine Zweiterstreckung verzichten. Enthält die Vereinbarung keinen derartigen Verzicht, ist davon auszugehen, dass eine Ersterstreckung vereinbart wurde.

13.3.4 Wirkung der Erstreckung

Während der Erstreckungsdauer gilt der bisherige Mietvertrag grundsätzlich unverändert weiter (Art. 272c Abs. 2 OR). Jede Partei kann aber im Erstreckungsverfahren verlangen, dass der Vertrag gleich im Erstreckungsentscheid veränderten Bedingungen angepasst wird (Art. 272c Abs. 1 OR). Gemäss Art. 272c Abs. 2 zweiter Halbsatz OR sind zudem die gesetzlichen Anpassungsmöglichkeiten auch während der Dauer der Erstreckung ausdrücklich vorbehalten. Der Vermieter kann während der Dauer der Erstreckung somit gesetzliche Anpassungen (Mietzinserhöhungen gemäss vertraglicher Vereinbarung) vornehmen, der Mieter kann – sind die Voraussetzungen gemäss Art. 270a OR erfüllt – eine Mietzinsreduktion verlangen. Dabei ist aber das für Mietzinsanpassungen vorgeschriebene Verfahren zu beachten (Art. 269d OR). Eine Mietzinserhöhung hat demnach mit dem amtlichen Formular zu erfolgen. Zudem muss die Mietzinsanpassung auf einen Kündigungstermin hin geltend gemacht werden. *Die mit dem amtlichen Formular mitgeteilte Mietzinserhöhung hat auch in diesem Fall spätestens 10 Tage vor Beginn der Kündigungsfrist im Besitz des Mieters zu sein.* Für die Mitteilung der Mietzinsanpassungen während eines erstreckten – bisher unbefristeten – Mietverhältnisses sind die in Art. 272d OR angeführten Kündigungstermine massgeblich, die von Gesetzes wegen an die Stelle der bisher geltenden vertraglichen bzw. gesetzlichen Kündigungstermine treten.

Mangels eines anderslautenden Erstreckungsentscheides (bzw. einer anderslautenden Erstreckungsvereinbarung) kann der Mieter gemäss Art. 272d OR das Mietverhältnis wie folgt kündigen:

- bei Erstreckung bis zu einem Jahr mit einer einmonatigen Frist auf Ende eines Monats;
- bei Erstreckung von mehr als einem Jahr mit einer dreimonatigen Frist auf einen gesetzlichen Termin.

Der Vermieter kann während der Dauer der Erstreckung das Mietverhältnis vorzeitig kündigen, wenn die entsprechenden Voraussetzungen gegeben sind (Art. 257d Abs. 2 OR, Art. 257f Abs. 3 und 4 OR, Art. 266g OR, Art. 266h OR).

13.3.5 Verfahren

Will der Mieter eine erste Erstreckung des Mietverhältnisses verlangen, so muss er gemäss Art. 273 Abs. 2 OR das Begehren der Schlichtungsbehörde innert folgender Fristen einreichen:

- bei einem unbefristeten Mietverhältnis innert 30 Tagen nach Empfang der Kündigung;
- bei einem befristeten Mietverhältnis spätestens 60 Tage vor Ablauf der Vertragsdauer.

Die dreissigtägige Frist beginnt erst mit dem tatsächlichen Zugang der Kündigung beim Mieter (der Tag der Entgegennahme wird nicht gezählt), d.h. bei nicht abgeholten eingeschriebenen Postsendungen erst am Tage nach Ablauf der siebentägigen postalischen Abholfrist.

Ist dem Mieter eine erstmalige Erstreckung gewährt worden oder haben die Parteien eine solche vereinbart, so muss der Mieter das Begehren um Zweiterstreckung spätestens 60 Tage vor Ablauf der ersten stellen.

13.3.6 Ausschluss der Erstreckung

Liegt eine der folgenden Voraussetzungen vor, darf von Gesetzes wegen keine Erstreckung gewährt werden (Art. 272a OR):

- wenn der Vermieter das Mietverhältnis wegen Zahlungsverzug des Mieters (Art. 257d OR), wegen schwerer Verletzung der Pflicht des

Mieters zur Sorgfalt und Rücksichtnahme (Art. 257f Abs. 3 und 4 OR) oder wegen Konkurs des Mieters (Art. 266h OR) gekündigt hat;

- wenn der Vermieter einen Mietvertrag gekündigt hat, welcher im Hinblick auf ein bevorstehendes Umbau- oder Abbruchvorhaben ausdrücklich nur für die beschränkte Zeit bis zum Baubeginn oder bis zum Erhalt der erforderlichen Bewilligung abgeschlossen wurde;
- wenn der Vermieter dem Mieter einen gleichwertigen Ersatz für die Wohn- und Geschäftsräume anbietet.

Anmerkungen:

Eine Erstreckung bei einem Mietverhältnis, das im Hinblick auf ein Umbau- oder Abbruchvorhaben geschlossen wurde, ist nur dann ausgeschlossen, wenn folgende Voraussetzungen erfüllt sind:

- *Das Bauvorhaben muss zum Zeitpunkt des Vertragsabschlusses in planerischer Hinsicht bereits eine gewisse Konkretheit aufweisen, auch wenn noch keine Baubewilligung vorliegen muss.*
- *Es muss sich um ein Bauvorhaben handeln, dessen Realisierung die Einholung einer Baubewilligung voraussetzt (was beispielsweise bei Schönheitsrenovationen nicht der Fall ist).*
- *Das Mietverhältnis muss ausdrücklich im Hinblick auf ein derartiges Bauvorhaben befristet worden sein. Da die „Vertragsbefristung" im Sinne von Art. 272a OR zwingend Bestandteil des Mietvertrags sein muss, ist eine „Befristung" mittels einseitiger Vertragsänderung durch den Vermieter nicht möglich.*
- *Die Befristung des Mietverhältnisses muss entweder an den (tatsächlichen) Baubeginn oder den Eingang der (rechtskräftigen) Baubewilligung beim Vermieter geknüpft sein.*

Die Kündigung einer sogenannten „Dienstwohnung" (z.B. Hauswartwohnung in einer Grossüberbauung; Wohnung des Schulabwartes; Wohnung des Abwartes eines Kirchgemeindehauses; Personalwohnung [z.B. Zimmer oder Wohnung in einem Spital, Hotel Altersheim]) – bei welcher zwingend die mietrechtlichen Kündigungsfristen und -termine zu beachten sind – schliesst eine Erstreckung nicht aus. Bei der Interessenabwägung haben Schlichtungsbehörde und Gericht dagegen dem berechtigten Interesse des Vermieters an einer möglichst termingerechten Beendigung des Mietverhältnisses angemessen Rechnung zu tragen (Nicht-

> *gewährung der Erstreckung; allenfalls sehr kurz bemessene einmalige Erstreckung).*

14. Besichtigungsrecht des Vermieters

Gemäss Art. 257h Abs. 2 OR muss der Mieter gestatten, die Mietsache zu besichtigen, soweit dies für den Unterhalt, den Verkauf oder die Wiedervermietung notwendig ist. Der Vermieter muss Besichtigungen rechtzeitig anzeigen und bei der Durchführung auf die Interessen des Mieters Rücksicht nehmen (Art. 257h Abs. 3 OR). Die Besichtigungen können auch von einem Vertreter des Vermieters (Verwalter, Hauswart, Architekt etc.) ausgeführt werden.

Ausser in Notfällen ist es dem Vermieter untersagt, das Mietobjekt gegen den Willen des Mieters zu betreten. Dies gilt auch in denjenigen Fällen, in denen alle gesetzlichen Voraussetzungen für das Besichtigungsrecht des Vermieters bestehen. *Der Vermieter riskiert sonst ein Strafverfahren wegen Hausfriedensbruches im Sinne von Art. 186 StGB.* Weigert sich der Mieter, berechtigte Besichtigungen zu dulden, kann der Vermieter den Mieter auf Duldung der Besichtigung verklagen (Befehlsverfahren). Da der Schlichtungsbehörde von Bundesrechts wegen die notwendigen richterlichen Entscheidkompetenzen fehlen, nützt die Einleitung eines Schlichtungsverfahren dem Vermieter in der Regel nichts, vor allem dort nicht, wo Besichtigungen nicht wochenweise aufgeschoben werden können (so z.B. bei der Wiedervermietung). Entsteht dem Vermieter durch die Verweigerung einer berechtigten Besichtigung ein Schaden, so wird der renitente Mieter schadenersatzpflichtig. In laufenden Mietverhältnissen (Besichtigungen zwecks Unterhaltsplanung) riskiert der Mieter zudem die Kündigung des Mietverhältnisses gestützt auf Art. 257f OR.

In der Regel finden sich in den allgemeinen Vertragsbedingungen Hinweise auf die Ausübung des Besichtigungsrechtes (Voranzeigefrist, Besichtigungszeiten, Schlüsselhinterlegung durch den Mieter). Besichtigungen aus anderen als den im Gesetz genannten Gründen können gegen den Willen des Mieters nicht durchgeführt werden.

> **Empfehlung:** *Besichtigungen sollten stets so früh als möglich angezeigt werden, damit der Mieter die Möglichkeit hat, an der Besichtigung teilzunehmen oder jemanden zu delegieren. Periodische Besichtigungen – unabhängig vom Vorhandensein eines Mangels – sind zulässig, sollten*

> *aber zurückhaltend erfolgen. Mehr als eine bis zwei periodische Besichtigungen braucht sich der Mieter nicht gefallen zu lassen. Bei der Durchführung von Besichtigungsterminen zwecks Wiedervermietung und Verkauf, ist darauf zu achten, dass die Interessenten zusammengefasst werden. Es ist dem Mieter – auch nicht in einem von ihm gekündigten Mietverhältnis – nicht zuzumuten, während unzähligen Tagen gestört zu werden.*

15. Die Rückgabe des Mietobjektes

15.1 Zeitpunkt und Ort der Rückgabe

Gemäss Art. 267 OR muss der Mieter die Mietsache bei Beendigung des Mietverhältnisses in dem Zustand zurückgeben, der sich aus dem vertragsgemässen Gebrauch ergibt. Die Anwendung von Art. 267 OR setzt zwingend die Existenz eines Mietverhältnisses voraus (entgeltliche Überlassung einer Mietsache auf Zeit zum Gebrauch).

Der Mieter muss die Mietsache dem Vermieter spätestens am letzten Tag der Mietdauer während den üblichen Geschäftszeiten zurückgeben, sofern der Mietvertrag keine andere Regelung vorsieht. *Fällt das Ende der Mietdauer auf einen Sonn- oder Feiertag ist – von Gesetzes wegen – der erste darauffolgende Werktag Rückgabetag.* Bei der Wohnungsmiete kann – gemäss Ortsgebrauch oder gemäss Vertragsbestimmungen der Formularmietverträge – der dem Beendigungstag folgende Tag (der sog. Umzugstag) der massgebende Rückgabetag sein. Fällt in einem derartigen Fall der Umzugstag auf einen Sonn- oder Feiertag ist ebenfalls der darauffolgende Werktag Rückgabetag. Im Mietvertrag kann ferner der Zeitpunkt der Rückgabe näher umschrieben werden (z.B. Rückgabe im Laufe des Vormittags; Rückgabe um 12.00 Uhr). Die Parteien sollten sich in jedem Fall rechtzeitig über den genauen Zeitpunkt verständigen. *Eine Abnahme sollte aufgrund der erschwerten Sichtbedingungen nicht während Zeiten der Dämmerung stattfinden.*

Was den Rückgabeort betrifft, so ist bei der Wohnraummiete davon auszugehen, dass dies stets der Ort der gelegenen Mietsache ist. Die Rückgabeleistung ist in diesem Fall stets eine Ortsschuld.

15.2 Rechtzeitige und vollständige Rückgabe

Der Mieter ist zur vollständigen Rückgabe des Mietobjekts verpflichtet, wenn vertraglich nichts anderes vereinbart wurde. Will der Mieter das Mietobjekt gestaffelt zurückgeben, ist er für das Vorliegen einer entsprechenden Vereinbarung beweispflichtig. Der Vermieter ist gehalten, das Mietobjekt zum vereinbarten Zeitpunkt zurückzunehmen, und zwar unabhängig davon, ob dieses sich in einem mangelfreien oder mangelhaften Zustand befindet. Bei der Wohnungsvermietung ist von der Obliegenheit des Vermieters, bei der Rückgabe mitzuwirken, auszugehen, es sei denn, im Mietvertrag wären andere Rückgabemodalitäten vereinbart worden (z.B. Zusendung der Schlüssel einer Ferienwohnung an den Vermieter am Ende der Feriendauer). Der Vermieter kann sich bei der Wohnungsrückgabe selbstredend von einer Drittperson (z.B. vom Liegenschaftsverwalter) vertreten lassen.

15.3 Amtliche Wohnungsabnahme

Die Aufnahme eines kantonal-rechtlich geregelten amtlichen Befundes (sog. amtliches Protokoll) durch einen amtlichen Wohnungsabnehmer hat im Hinblick auf einen allfälligen Streit der Parteien über die Existenz von Mängeln den Vorteil, dass dessen Inhalt als zutreffend vermutet wird (Urkunde im Sinne von Art. 9 ZGB). Zu beachten ist allerdings, dass sich eine amtliche Bestandesaufnahme auf die Auflistung von objektiv feststellbaren Mängeln beschränkt. Es kommt ihr mithin keine Mängelrügequalität zu. Die Kosten eines amtlichen Befundes sind grundsätzlich von derjenigen Partei zu bezahlen, welche den entsprechenden Auftrag erteilt hat. Der amtliche Wohnungsabnehmer ist gehalten, eine möglichst objektive Bestandesaufnahme vorzunehmen. Es ist grundsätzlich nicht die Aufgabe des amtlichen Wohnungsabnehmers, darüber zu befinden, ob ein festgestellter Mangel vom Vermieter oder vom Mieter zu vertreten ist. Der amtliche Wohnungsabnehmer ist denn auch nie Vertreter derjenigen Partei, die ihn mit der Wohnungsabnahme beauftragt. Der Beizug eines amtlichen Wohnungsabnehmers ist auf jeden Fall immer dann angezeigt, wenn es sich um ein problematisches Mietverhältnis gehandelt hat und/oder wenn mit besonderen Problemen bei der Rückgabe gerechnet wird.

15.4 Schlüsselrückgabe

Die Rückgabe der Wohnung ist erst mit der Rückgabe der dem Mieter zu Mietbeginn ausgehändigten Schlüssel beendet. Es ist dem Mieter nicht gestattet, auch nur einen Wohnungsschlüssel zu behalten. Er muss auch von ihm auf eigene Kosten nachgemachte Schlüssel abgeben. Die Rückgabe der Schlüssel ist entweder auf dem Mängelprotokoll oder auf einer separaten Quittung zu bescheinigen.

15.5 Durchsetzung des Rückgabeanspruchs

Der Vermieter hat bei Beendigung des Mietverhältnisses einen rechtlich durchsetzbaren Anspruch auf Rückgabe des Mietobjekts. Weigert sich der Mieter, das Mietobjekt zu verlassen und/oder zu räumen, *so muss der Vermieter beim zuständigen Gericht die Ausweisung des Mieters beantragen.* Geht aus dem Verhalten des Mieters hervor, dass er das Mietobjekt nicht zu verlassen gedenkt, so kann der Vermieter bereits vor Ablauf der Mietdauer ein Ausweisungsbegehren stellen. Der Ausweisungsbehörde ist zu beantragen, dem Ausweisungsbefehl mit einer Strafandrohung im Sinne von Art. 292 StGB (Missachtung amtlicher Verfügungen) Nachachtung zu verschaffen. *Betritt der Vermieter nach Ablauf der Mietdauer das Mietobjekt, so begeht er keinen Hausfriedensbruch im Sinne des Art. 186 StGB, weil der Mieter sich rechtens gar nicht mehr in der Wohnung aufhalten darf.* Anders sieht die Sachlage selbstverständlich dann aus, wenn das Mietverhältnis nicht gültig gekündigt wurde bzw. wenn eine Kündigungsanfechtung wegen Rechtsmissbräuchlichkeit zur Ungültigerklärung der Kündigung führte oder das Mietverhältnis erstreckt wurde. Nur der vorsätzlich begangene Hausfriedensbruch ist strafbar, d.h. der Täter muss sich insbesondere bewusst sein, den geschützten Bereich gegen den Willen des Berechtigten zu betreten und dabei unrechtmässig zu handeln. Der vom Vermieter beauftragte amtliche Wohnungsabnehmer muss nicht befürchten, wegen Hausfriedensbruchs belangt werden zu können, weil es ihm diesbezüglich in der Regel am entsprechenden Vorsatz fehlt.

15.6 Zustand des Mietobjekts bei der Rückgabe

Die Formulierung des Gesetzes, der Mieter habe die Sache in dem Zustand zurückzugeben, der sich aus dem vertragsgemässen Gebrauch ergibt, will besagen, dass der Mieter nicht für die aus dem korrekten Ge-

brauch der Sache resultierenden ordentlichen Abnützungen aufzukommen hat, gehört es doch zum Wesen des Gebrauchs einer Sache, dass diese dadurch abgenützt wird.

> **Hinweis:** *Was im konkreten Fall als ordentliche Abnützung zu gelten hat, ist aufgrund der Zweckbestimmung des Mietobjekts zu ermitteln. Grundsätzlich gelten vergilbte Tapeten, Bilder- bzw. Möbelspuren an den Wänden, ausgetretene Teppiche, Kochspuren an den Küchenwänden als Folgen ordentlicher Abnützung.*

Ebenso wenig haftet der Mieter für Zufall und höhere Gewalt, es sei denn, es trifft ihn diesbezüglich ein Verschulden. Der Mieter muss nicht bewilligte Veränderungen am Mietobjekt rückgängig machen. Bei vom Vermieter schriftlich bewilligten Veränderungen ist die Wiederherstellungspflicht des Mieters allerdings nur dann gegeben, wenn die Parteien dies schriftlich vereinbart haben (Art. 260a OR). Bezüglich des *Zustandes des Mietobjektes* bei der Rückgabe hat der Mieter insbesondere vorzunehmen was folgt:

- vollständige Räumung der Mietsache;

- Ausbesserungen im Sinne von Art. 259 OR;

- sorgfältige und fachgerechte Reinigung, sofern diese zum vertraglichen Gebrauch gehört und keine Rückgabe in besenreinem Zustand vereinbart wurde;

- Wiederherstellung des ursprünglichen Zustandes bei Veränderungen am Mietobjekt im Sinne obenstehender Ausführungen.

Bei der Rückgabe von gemieteten Wohnräumen ist in der Regel bezüglich Reinigung und Ausbesserungen folgendes zu beachten:

- Aufwaschen aller Böden und Kacheln;

- fachgerechte Reinigung von Teppichen (Schamponierung bzw. Extrahierung) und Holzteilen;

- gründliche Reinigung aller Geräte in Küche, Badzimmer und WC;

- gründliche Reinigung aller Einrichtungen wie Schränke und Armaturen sowie der Fenster und Fensterläden;

- Entfernen aller Nägel und Schrauben sowie die Verschliessung der Löcher.

15.7 Haftung des Mieters bei Rückgabe einer mangelhaften Sache

Der Mieter haftet dem Vermieter für Abweichungen von dem in Art. 267 Abs. 1 OR umschriebenen Zustand, wenn diese auf vertragswidriges oder pflichtwidriges Verhalten des Mieters, der Mitbewohner, Gäste und Untermieter zurückzuführen sind. Dazu gehören auch Mängel, die auf eine übermässige Abnützung der Wohnung zurückzuführen sind.

Von einer ausserordentlichen (übermässigen) Abnützung ist stets dann auszugehen, wenn der Mieter vom Mietobjekt unsachgemässen oder übermässigen Gebrauch macht. Darunter fallen Nikotinschäden, zerrissene Tapeten, grössere Flecken auf dem Spannteppich (z.B. von Haustieren), Sprünge in Lavabo und Badewanne.

Der Mieter haftet dem Vermieter insbesondere dafür, dass die Mietsache keine Mängel im Sinne von Art. 259 OR (kleiner Unterhalt) aufweist, handelt es sich doch diesbezüglich um eine Verpflichtung des Mieters, die sich auf die ganze Dauer des Mietverhältnisses erstreckt. Unter vertragswidrigem Verhalten sind der nichtvertragskonforme Gebrauch der Mietsache bzw. deren nicht bewilligte Veränderung zu verstehen. Pflichtwidrig ist ein Verhalten dann, wenn der Mieter es beim Gebrauch des Mietobjekts an pflichtgemässer Sorgfalt mangeln lässt (z.B. Fehlbedienung von Küchengeräten; Verunreinigung von Teppichen und Zerkratzen von Türen und Tapeten durch Haustiere; Verunreinigung von Farbanstrich und Tapeten durch Nikotin). *Das Gesetz vermutet das Verschulden des Mieters an Mängeln am Mietobjekt, die während der Mietdauer entstanden sind. Der Mieter kann sich von der Haftung befreien, wenn er den Beweis erbringt, dass dem nicht so ist.*

Kleinere Mängel im Sinne von Art. 259 OR muss der Mieter stets auf eigene Kosten beheben bzw. für die Behebungskosten am Ende des Mietverhältnisses aufkommen. Bei grösseren Mängeln – dazu zählen auch Mängel, die auf eine übermässige Abnützung der Wohnung zurückgehen – ist zu unterscheiden, ob sich der Mangel mittels Reparatur beseitigen lässt oder eine Ersatzanschaffung notwendig ist. Stehen Reparaturkosten in keinem vernünftigen Verhältnis zum Zustandswert der Sache, muss der Vermieter anstelle der Reparatur eine Ersatzanschaffung vornehmen. Immerhin ist bei der Beurteilung der Frage, ob eine Ersatzanschaffung anstelle einer Reparatur angezeigt ist, nicht nur auf die Reparaturkosten und das Alter der mangelhaften Sache abzustellen. Vielmehr ist dem Interesse des Vermieters an der Erhaltung einer an sich langlebigen Sache gebührend Rechnung zu tragen. *Während der Mieter angemessene Reparaturkosten grundsätzlich vollumfänglich übernehmen muss, schuldet er bei Ersatzanschaffungen nicht etwa den Neuwert, sondern nur den sogenannten Zustandswert.* Darunter ist der wirtschaftliche Wert einer nicht zeitbeständigen Sache (z.B. Farbanstrich, Spannteppich) im Zeitpunkt der Rückgabe des Mietobjekts zu verstehen.

> **Hinweis:** *Die Lebensdauer einer Sache bestimmt sich gemäss ihrem Marktwert oder aufgrund von Lebensdauertabellen, welche auf Erfahrungswerten bezüglich der Haltbarkeit von Gegenständen bzw. Einrichtungen bei normaler Abnützung beruhen (vgl. diesbezüglich die paritätische Lebensdauertabelle des Hauseigentümerverbandes Schweiz und des Schweizerischen Mieterinnen- und Mieterverbandes).*

Hat eine Sache ihre so ermittelte Lebensdauer erreicht oder gar überschritten, schuldet der Mieter bei einer notwendig werdenden Ersatzanschaffung keine Entschädigung mehr.

> **Beispiel:** Mieter Meier ist Katzenliebhaber und hält deswegen in seiner Mietwohnung mehrere Hauskatzen. Die Katzen verrichten des öfteren auf dem zur Wohnung gehörenden Spannteppich im Wohnzimmer ihr Geschäft. Beim Auszug von Mieter Meier stellt der Vermieter fest, dass die Flecken auf dem Spannteppich selbst mittels Schamponierung nicht mehr beseitigt werden können. Der Vermieter entscheidet sich daher für die Anschaffung eines neuen Teppichs. Die von den Katzen verursachten Flecken sind als ausserordentliche Abnützung des Teppichs an sich vom Mieter zu vertreten. Gemäss der paritätischen Lebensdauertabelle hat ein Teppich mittlerer Qualität eine (wirtschaftliche) Lebensdauer von zehn Jahren. Da der fragliche Teppich im vorliegenden Fall bereits vor mehr als zehn Jahren verlegt wurde, schuldet Mieter Meier dem Vermieter keine Entschädigung. Die Ersatzanschaffung geht somit voll zu Lasten des Vermieters.

Da Lebensdauertabellen allerdings zu Vereinfachungen tendieren – dies liegt in der Natur der Sache – kann es angezeigt sein, bei Schäden an Sachen, die nicht einfach als wertlos bezeichnet werden können (antiker Kachelofen, 80-jähriger Parkettboden) deren subjektiven Wert durch einen Experten objektivieren zu lassen. Das Mietgericht Zürich hat in einem Entscheid aus dem Jahre 1986 festgehalten, dass ein 80-jähriger

Parkettboden nicht ohne weiteres als wertlos bezeichnet werden könne, zumal alte Holzböden in der Regel von weit massiverer Beschaffenheit als heutige Parkettböden seien. Bei sogenannten Bagatellschäden, deren Behebung unverhältnismässig hohe Kosten verursachen würde, schuldet der Mieter *lediglich den Ersatz des Minderwertes der Sache*.

15.8 Entschädigungsvereinbarungen

Vereinbarungen, in denen der Mieter sich *im Voraus* verpflichtet, *bei Beendigung des Mietverhältnisses eine Entschädigung zu entrichten*, die anderes als die Deckung des allfälligen Schadens einschlisst, sind *nichtig* (Art. 267 Abs. 2 OR). Darunter fallen auch Vereinbarungen, die den Mieter bei Ersatzanschaffungen zur Entschädigung des Neuwertes oder zur Bezahlung von Pauschalentschädigungen, welche die tatsächlichen Kosten des Vermieters übersteigen, verpflichten. Nicht nichtig sind dagegen Pauschalentschädigungsvereinbarungen, *welche die tatsächlichen Kosten des Vermieters abdecken bzw. gar unterschreiten*. Ob eine Entschädigungsvereinbarung ganznichtig oder teilnichtig (Art. 20 Abs. 2 OR) ist, wird sich in der Regel erst in dem Zeitpunkt feststellen, in welchem die Kosten tatsächlich anfallen (d.h. bei der Rückgabe der Mietsache). Der Teilnichtigkeit ist zudem in der Regel der Vorrang vor der Ganznichtigkeit zu geben (vgl. BGE 81 II 622), liegt doch in vielen Fällen die Nichtigkeit der gesamten Vereinbarung nicht im Interesse der Parteien.

Die Norm will den Mieter in erster Linie davor bewahren, sich zur Bezahlung von Pauschalentschädigungen zu verpflichten, *die über den tatsächlichen Schaden hinausgehen*. Ebenso unzulässig sind Vereinbarungen, die dem Mieter die Vornahme von Schönheitsreparaturen auferlegen (vgl. BJM 1990, S. 193 ff.; BGE 107 II 255 ff.). Gemäss diesen Entscheiden sind Vereinbarungen, die den Mieter im Voraus dazu verpflichten, für den Neuanstrich der Wohnung oder das Weisseln der Wohnungsdecken aufkommen zu müssen, unzulässig. Der Mieter, der aufgrund einer unzulässigen Vereinbarung dem Vermieter zuviel Ersatz geleistet hat, kann diesen nach den Bestimmungen über die ungerechtfertigte Bereicherung zurückverlangen (vgl. BGE 107 II 255 ff.).

Entschädigungsvereinbarungen, die bei bzw. nach der Rückgabe der Mietsache abgeschlossen werden, sind dagegen rechtsgültig. Der Mieter ist zu diesem Zeitpunkt in der Lage, abzuschätzen, für was er nach Vertrag und Gesetz einzustehen hat. Zu diesem Zeitpunkt ist es auch zulässig, für Reparaturen und Ersatzanschaffungen sowie für allfällige Minderwerte pauschale Entschädigungen zu vereinbaren.

15.9 Amtliches Protokoll als objektive Bestandesaufnahme

Der Vermieter hat für alle Voraussetzungen der Mangelhaftung des Mieters – mit Ausnahme des Verschuldens – den Beweis zu erbringen. Insbesondere muss er nachweisen, dass der fragliche Mangel während der Mietdauer entstanden ist.

Achtung: Die gesetzliche Vermutung des früheren Rechtes (Art. 271 Abs. 3 alt OR), der Mieter habe das Mietobjekt in einem guten Zustand übernommen, gilt seit Inkrafttreten des neuen Mietrechts am 1. Juli 1990 nicht mehr. Zum Zwecke der Beweisführung ist deshalb für den Vermieter eine sorgfältige Bestandesaufnahme allfälliger Mängel **bei Mietbeginn** notwendig.

Beauftragt der Vermieter für die Erstellung des Protokolls einen amtlichen Wohnungsabnehmer, so muss er sich darauf verlassen können, dass dieser eine möglichst genaue und objektive Bestandesaufnahme des Ist-Zustandes des Mietobjekts vornimmt und allfällige Mängel möglichst genau umschreibt, damit sich zu einem späteren Zeitpunkt auch eine Schlichtungsbehörde oder ein Gericht ein Bild über den Zustand der Mietsache machen können. Das amtliche Wohnungsabnahmeprotokoll (vgl. 15.3) muss sich nicht dazu äussern, von welcher Partei ein festgestellter Mangel zu verantworten ist. **Dem *amtlichen* Abnahmeprotokoll kommt *keine Mängelrügequalität* zu, selbst dann nicht, wenn es (unnötigerweise) von Vermieter und Mieter unterzeichnet wird.** Einigen sich die Parteien anlässlich der amtlichen Wohnungsabnahme trotzdem bereits über Haftungsfragen, sind diesbezügliche Vereinbarungen auf einem Beiblatt zum Wohnungsabnahmeprotokoll festzuhalten. Der Vermieter ist darauf angewiesen, möglichst schnell in den Besitz des amtlichen Wohnungsprotokolls bzw. einer Kopie desselben zu gelangen, um dem Mieter rechtzeitig die gesetzlich erforderliche Mängelrüge zukommen lassen zu können. Wie aus dem folgenden Abschnitt ersichtlich ist, bleibt dem Vermieter dazu nicht viel Zeit.

15.10 Prüfung der Mietsache; Mängelrüge

Gemäss Art. 267a Abs. 1 OR muss der Vermieter den Zustand der Sache prüfen und Mängel, für die der Mieter einzustehen hat, diesem *sofort melden* (Mängelrüge). Will der Vermieter dem Mieter gegenüber Ersatzansprüche für Mängel geltend machen, hat er das Mietobjekt anlässlich dessen Rückgabe auf den ordnungsgemässen Zustand zu prüfen und allfällige dem Mieter zurechenbare Mängel sofort zu rügen. Unterlässt der Vermieter eine übungsgemässe Prüfung und erhebt er in der Folge nicht rechtzeitig Mängelrüge, verwirkt er allfällige Ersatzansprüche (Art. 267a Abs. 2 OR). Bezüglich der Genauigkeit der Prüfung kann vom Vermieter erwartet werden, dass er Mängel, die ein durchschnittlich sorgfältiger Vermieter ohne weiteres erkennen kann, ebenfalls bemerkt. Zu einer übungsgemässen Prüfung gehört insbesondere auch die Funktionskontrolle technischer Geräte im Mietobjekt. Diese Anforderungen gelten auch für den amtlichen Wohnungsabnehmer. Mängel, die vom Vermieter bzw. vom amtlichen Wohnungsabnehmer trotz sorgfältiger Prüfung nicht entdeckt werden konnten, gelten als verdeckte Mängel und können gemäss Art. 267a Abs. 3 OR dem Mieter noch im nachhinein gerügt werden. Die Rüge hat diesfalls unmittelbar nach Entdeckung des Mangels zu erfolgen.

Der Vermieter ist – wie bereits erwähnt – verpflichtet, entdeckte Mängel beim Mieter sofort zu rügen. Da einem allfälligen *amtlichen* Wohnungsabnahmeprotokoll keine Mängelrügequalität zukommt, genügt es nicht, dem Mieter eine Kopie desselben auszuhändigen. **Der Vermieter muss vielmehr dem Mieter unmissverständlich mitteilen, für welche der im amtlichen Wohnungsabnahmeprotokoll aufgelisteten Mängel er diesen haftbar macht.** Eine nicht substantiierte Mängelrüge ist in einem Prozess unbeachtlich. Dagegen stellt ein *nicht amtliches* Wohnungsabnahmeprotokoll (z.B. dasjenige des Hauseigentümerverbandes Schweiz) in Bezug auf Mängel dann eine rechtsgenügende Mängelrüge dar, wenn es vom Mieter unterzeichnet wird. Im Gegensatz zu einem amtlichen Protokoll verpflichtet sich der Mieter durch seine Unterschrift ausdrücklich, die Kosten für die Behebung der konkret im Protokoll zu seinen Lasten gerügten Mängel zu übernehmen. Keine rechtsgenügende Mängelrüge liegt dagegen vor, wenn der Mieter ein solches Protokoll nicht unterzeichnet. Dies gilt auch für einzelne Mängel, die im Protokoll vom Mieter nicht anerkannt wurden (z.B. mit dem Hinweis „Mangel wird vom Mieter bestritten").

Liegt keine rechtsgenügende Mängelrüge vor (amtliches Protokoll, vom Mieter nicht unterschriftlich anerkannte Mängel in einem nicht amtlichen Protokoll), so muss der Vermieter die Mängelrüge schriftlich nachholen. Die Zustellung der Mängelrüge mittels eingeschriebenem Brief sollte stets **innert zwei bis drei Werktagen** nach der Rückgabe der Sache erfolgen. Weil auch eine verspätete Mängelrüge die Verwirkung von Ersatzansprüchen des Vermieters zur Folge hat, ist dieser darauf angewiesen, möglichst schnell in den Besitz einer Kopie des vom amtlichen Wohnungsabnehmer erstellten Protokolls zu gelangen (spätestens an dem dem Wohnungsabnahmetermin folgenden Werktag).

Das Wohnungsabnahmeprotokoll stellt nur dann eine rechtsgenügende Mängelrüge dar, wenn es vom Mieter unterzeichnet wird. **Ein vom Mieter vorbehaltlos unterzeichnetes Wohnungsabnahmeprotokoll stellt eine Anerkennung der darin gerügten Mängel dar. Hat sich der Mieter zudem zur Übernahme der entsprechenden Wiederherstellungskosten verpflichtet, kann er sich dieser Verpflichtung nicht mehr entziehen.** Der Mieter könnte nur noch Willensmängel i.S. der Art. 24 ff. OR geltend machen – z.B. er sei vom Vermieter durch Drohungen gemäss Art. 29 OR zur Unterzeichnung des Protokolls genötigt werden. Der Mieter ist für das Vorliegen derartiger Willensmängel bei der Protokollunterzeichnung beweisbelastet.

> **Empfehlung:** *Es ist dem Vermieter allerdings zu empfehlen, seine Rechtsansprüche auf dem ordentlichen Prozessweg (Schlichtungsbehörde, Gericht) durchzusetzen, weil ein vom Mieter unterzeichnetes Wohnungsabnahmeprotokoll (selbst wenn darin Frankenbeträge für die einzelnen vom Mieter geschuldeten Positionen enthalten sind) den Anforderungen an eine Schuldanerkennung im betreibungsrechtlichen Sinn unter Umständen nicht genügt.*

15.11 Vorzeitige Rückgabe der Mietsache

Art. 264 OR regelt die vorzeitige Rückgabe des Mietobjekts durch den Mieter (vgl. 12). Gibt der Mieter die Sache zurück, ohne Kündigungsfrist- oder -termin einzuhalten, so hat der Mieter für die Verbindlichkeiten aus dem Mietvertrag grundsätzlich bis zu dem Zeitpunkt einzustehen, in dem das Mietverhältnis gemäss Gesetz oder Vertrag endet oder beendet werden kann, es sei denn, er stellt einen für den Vermieter (objektiv) zumutbaren Ersatzmieter. Dieser muss zahlungsfähig und bereit sein, den Mietvertrag zu den gleichen Bedingungen zu übernehmen.

Wird ein Ersatzmieter gestellt, so sollte beim Auszug des bisherigen Mieters eine Wohnungsrückgabe durchgeführt werden. Dabei ist gleich vorzugehen wie bei einer Wohnungsrückgabe im Falle einer ordentlichen Kündigung. Dieses Vorgehen hat zur Folge, dass der Ersatzmieter später nicht mehr für Mängel herangezogen werden kann, für die der Vermieter verantwortlich war. Kann das Mietobjekt nicht sofort weitervermietet werden, hat der Vermieter grundsätzlich die Wahl, die Wohnungsabnahme (sofern der Mieter dies wünscht) beim vorzeitigen Auszug des Mieters durchzuführen oder aber mit deren Durchführung bis zu dem Zeitpunkt zuzuwarten, in welchem das Mietverhältnis ordentlich endigt. In den meisten Fällen wird die Wohnungsübergabe beim vorzeitigen Auszug des Mieters durchgeführt, sofern der Mieter dies wünscht. *Gibt der Mieter allerdings die Mietsache durch konkludentes Verhalten vorzeitig zurück (eingeschriebene Zusendung der Schlüssel an den Vermieter) und gibt damit zu erkennen, dass er nicht mehr über das Mietobjekt zu verfügen gedenkt, muss der Vermieter die Mietsache sofort prüfen und dem Mieter allfällige Mängel sofort rügen* (vgl. vorstehend 15.10), *sofern ihm dies zugemutet werden kann.* Eine sofortige Prüfung und Mängelrüge kommt diesfalls (im Gegensatz zur ordentlichen Beendigung des Mietverhältnisses) nur in Frage, wenn die Parteien sich auf einen gemeinsamen Abnahmetermin einigen bzw. wenn der Vermieter in der Lage ist, eine sofortige Prüfung und Mängelrüge vorzunehmen.

> **Empfehlung:** *Der Vermieter sollte stets auf dem Protokoll vermerken, dass die Wohnungsrückgabe auf ausdrücklichen Wunsch des Mieters (bzw. aufgrund der freiwilligen Zusendung der Schlüssel durch den Mieter) erfolgt und diese den Mieter nicht von der Mietzinsfortzahlungspflicht bis zum nächsten ordentlichen Kündigungstermin entbinde, sofern kein tauglicher Ersatzmieter gestellt wird. Nimmt der Vermieter die Wohnung (inkl. sämtliche Schlüssel) vorbehaltlos zurück oder verlangt er gar vom Mieter die Rückgabe der Schlüssel, wird von der Beendigung des Mietverhältnisses auf den Rückgabetag hin ausgegangen.*

15.12 Mieterhaftpflichtversicherung

Der Mieter kann sich gegen Mieterschäden versichern lassen. Der Mieter kann mietvertraglich zum Abschluss einer Mieterhaftpflichtversicherung verpflichtet werden, wobei ihm nicht vorgeschrieben werden darf, bei welcher Versicherungsgesellschaft er die Versicherung abzuschliessen hat. Im eigenen Interesse wählt der Mieter eine Versicherungsgesellschaft, die im Falle eines Wohnungswechsels den Selbstbehalt nur einmal abzieht. Mieterhaftpflichtversicherungen versichern weder Abnützungsschäden (Schäden aufgrund normaler Abnützung) noch Schäden, die mit hoher Wahrscheinlichkeit erwartet werden müssen. Letzteres hat zu Folge, dass beispielsweise Raucherschäden überhaupt nicht gedeckt sind. Gedeckt sind nur Schäden, die auf einen plötzlichen Eintritt zurückzuführen sind (z.B. dem Mieter fällt versehentlich der Rasierapparat ins Lavabo und verursacht einen Sprung). Es handelt sich also um eine Gefahrenversicherung, die zukünftige Risiken mit ungewissem Eintritt abdecken soll.

> **Hinweis:** *Der Vermieter steht zur Mieterhaftpflichtversicherung in keinem Rechtsverhältnis. Für die bei der Wohnungsrückgabe gerügten Mängel muss sich der Vermieter an den Mieter halten. Der Mieter haftet stets unabhängig davon, ob er eine Versicherung abgeschlossen hat oder nicht bzw. ob im konkreten Fall (z.B. Nikotinschäden) überhaupt eine Deckung vorliegt oder nicht.*

Der Mieter entscheidet, ob er Schäden, die durch die Mieterhaftpflichtversicherung abgedeckt sind, von der Versicherung bezahlen lassen will oder nicht. Ist der Schaden kleiner als der Selbstbehalt des Mieters, lohnt sich das Einschalten der Versicherung nicht. Wenn die Versicherung für einen Schaden aufkommen muss, verliert der Mieter allenfalls einen Anspruch auf Schadenfreiheitsrabatt.

16. Das Schlichtungsverfahren

Die Kantone bezeichnen die zuständigen Behörden und regeln deren Organisation. Die Kantone sind bundesrechtlich zur Einsetzung paritätischer Schlichtungsbehörden verpflichtet, die im Bereich der Immobiliarmiete im wesentlichen folgende Aufgaben zu erfüllen haben (Art. 200 ZPO):

- Beratung der Parteien in allen Mieterfragen
- Schlichtungsfunktion bei mietrechtlichen Streitigkeiten
- Urteilsvorschlagskompetenz in vier vom Gesetz geregelten Fällen
- Entscheidungskompetenz bei vermögensrechtlichen Streitigkeiten bis CHF 2'000.--

Bei mietrechtlichen Streitigkeiten im Bereich der Wohn- und Geschäftsraummiete ist die Schlichtungsfunktion der Schlichtungsbehörden bundesrechtlich vorgeschrieben (Art. 197 ZPO). Vermieter und Mieter müssen durch ihre Verbände oder andere Organisationen, die ähnliche Interessen wahrnehmen, von Gesetzes wegen paritätisch in den Schlichtungsbehörden vertreten sein (Art. 200 Abs. 1 ZPO).

Im Falle der Nichteinigung der Parteien kann die Schlichtungsbehörde diesen in folgenden Bereichen einen Urteilsvorschlag (unbegründet oder begründet) unterbreiten (Art. 210 ZPO):

- bei der Hinterlegung von Miet- und Pachtzinsen
- beim Schutz vor missbräuchlichen Miet- und Pachtzinsen
- beim Kündigungsschutz
- bei der Erstreckung des Miet- und Pachtverhältnisses
- bei vermögensrechtlichen Streitigkeiten bis CHF 5'000.--

Es liegt ausschliesslich im Ermessen der Schlichtungsbehörde, ob sie den Parteien einen Urteilsvorschlag zu unterbreiten. Der Urteilsvorschlag gilt als angenommen und hat die Wirkungen eines rechtskräftigen Entscheides, wenn ihn keine der Parteien innert 20 Tagen seit der schriftlichen Eröffnung ablehnt. Die Ablehnung bedarf keiner Begründung (Art. 211 Abs. 1 ZPO). Nach Eingang der Ablehnung stellt die Schlichtungsbehörde gemäss Art. 211 Abs. 2 ZPO die Klagebewilligung zu:

- in den Angelegenheiten nach Art. 210 Abs. 1 lit. b der ablehnenden Partei
- in den übrigen Fällen der klagenden Partei.

Wird die Klage in den Angelegenheiten nach Art. 210 Abs. 1 lit. b nicht rechtzeitig eingereicht, so gilt der Urteilsvorschlag als anerkannt und er hat die Wirkungen eines rechtskräftigen Entscheides (Art. 211 Abs. 3 ZPO).

In vermögensrechtlichen Streitigkeiten bis zu CHF 2'000.-- kann die Schlichtungsbehörde auf Antrag der klagenden Partei einen Entscheid fällen (Art. 212 Abs. 1 ZPO). Ein entsprechender Antrag kann jederzeit im Laufe des Verfahrens gestellt werden. Solange die klagende Partei keinen Antrag gestellt hat, kann sie ihr Schlichtungsbegehren jederzeit gefahrlos zurückziehen. Nach einem Antrag bewirkt ein Rückzug jedoch Abstandsfolge (Art. 65 ZPO), auf welche die Schlichtungsbehörde hinzuweisen hat.

Kommt es zu keiner Einigung, wird in denjenigen Fällen, in denen die Schlichtungsbehörde keinen Urteilsvorschlag unterbreitet und keinen Entscheid fällt, die Klagebewilligung erteilt (Art. 209 Abs. 1 ZPO). Die Nichteinigung ist von der Schlichtungsbehörde im Protokoll festzuhalten. Die Klagebewilligung wird erteilt:

- bei der Anfechtung von Miet- und Pachtzinserhöhungen dem Vermieter oder Verpächter;
- in den übrigen Fällen der klagenden Partei.

In Streitigkeiten aus Miete und Pacht von Wohn- und Geschäftsräumen beträgt die Klagefrist 30 Tage (Art. 209 Abs. 4 ZPO). Bezieht sich die Klagebewilligung auf eine Forderung, kann die Partei, welche nicht an das Gericht gelangt ist, später erneut ein Schlichtungsverfahren einleiten, weil die Nichtanrufung des Gerichtes in diesen Fällen nicht als vorbehaltloser Klagerückzug gilt.

An der Schlichtungsverhandlung findet kein eigentliches Beweisverfahren statt, denn die Beweisabnahme ist eine typisch gerichtliche Aufgabe. Die Schlichtungsbehörde kann sich aber Urkunden vorlegen lassen und nach eigenem Ermessen einen Augenschein durchführen, um sich von der Angelegenheit ein Bild zu machen (Art. 203 Abs. 2 ZPO). Sofern das Verfahren nicht wesentlich verzögert wird, kann die Schlichtungsbehörde auch die übrigen Beweismittel abnehmen, soweit ein Urteilsvorschlag nach Art. 210 ZPO oder ein Entscheid nach Art. 212 ZPO in Frage kommt. In der Regel wird eine Schlichtungsverhandlung durchgeführt. Mit Zustimmung der Parteien kann die Schlichtungsbehörde allerdings weitere Verhandlungen durchführen (Art. 203 Abs. 4 ZPO). Auch wenn bezüglich des Schlichtungsverfahrens bei Streitigkeiten aus Miete und Pacht die bisherige Festschreibung eines einfachen und raschen Verfahrens in der ZPO entfällt, kann davon ausgegangen werden, dass das

Abhalten mehrerer Verhandlungen auch inskünftig wohl der Ausnahmefall sein wird.

Zuständig für Streitigkeiten aus dem Mietverhältnis sind Schlichtungsbehörde und Richter am Ort der gelegenen Sache. Der Mieter von Wohn- und Geschäftsräumen kann nicht zum Voraus oder durch Einlassung auf diesen Gerichtsstand verzichten (Art. 35 ZPO). Bei der Miete von Wohnräumen dürfen die Parteien die Zuständigkeit der Schlichtungsbehörden und der richterlichen Behörden nicht durch vertraglich vereinbarte Schiedsgerichte ausschliessen. Vorbehalten bleibt die Schiedsgerichtstätigkeit der Schlichtungsbehörde im Sinne von Art. 361 Abs. 4 ZPO.

> **Empfehlung:** *Es ist dem Vermieter dringend zu empfehlen, sich im Hinblick auf die Schlichtungsverhandlung ernsthaft vorzubereiten und alle relevanten Unterlagen an die Verhandlung mitzunehmen. Mangelhafte Vorbereitung bzw. mangelhafte oder gar fehlende Unterlagen haben schon des öfteren dazu geführt, dass ein Vermieter einen an sich durchaus gerechtfertigten Anspruch nicht durchsetzen konnte.*

17. Das Ausweisungsverfahren

Mit Inkrafttreten der Schweizerischen Zivilprozessordnung (ZPO) wurden die bis anhin im Obligationenrecht enthaltenen mietrechtlichen Verfahrensbestimmungen (Art. 274 – 274g aOR) aufgehoben. Die bewährte Bestimmung zur Verfahrenskoordination gemäss Art. 274g aOR wurde dabei nicht in die neue ZPO übernommen. Diese Bestimmung sah bei ausserordentlichen Kündigungen (z.B. wegen Zahlungsverzugs gemäss Art. 257d OR) vor, dass die Schlichtungsbehörde die Kündigungsanfechtung bzw. das Erstreckungsgesuch des Mieters an den Ausweisungsrichter überweisen musste, wenn der Vermieter bei diesem ein Ausweisungsgesuch gestellt hatte oder nachträglich stellte. Bei ausserordentlichen Kündigungen des Vermieters hatte somit eine einzige Behörde sowohl über die Wirksamkeit der Kündigung wie auch über die Ausweisung des Mieters zu entscheiden. Aufgrund dieser unbefriedigenden Situation besteht eine Verzögerungsgefahr bei der Ausweisung des Mieters. Diese ist umso grösser, als gemäss ZPO die Gerichtsferien auch im vereinfachten Verfahren gelten, welches bei Streitigkeiten aus der Miete und Pacht von Wohn- und Geschäftsräumen zur Anwendung gelangt.

Gemäss ZPO geht jedem Entscheidverfahren grundsätzlich ein Schlichtungsverfahren voraus (Art. 197 ZPO). Für Streitigkeiten aus Miete und Pacht von Wohn- und Geschäftsräumen ist zwingend die paritätische Schlichtungsbehörde gemäss Art. 200 ZPO zuständig. Gemäss Art. 198 Buchstabe a ZPO entfällt das Schlichtungsverfahren jedoch im summarischen Verfahren (schneller Rechtsschutz zur Durchsetzung klaren Rechtes, Art. 248 ZPO). Liegen klare und tatsächliche rechtliche Verhältnisse vor, steht dem Vermieter der schnelle Rechtsschutz zur Verfügung und er kann eine Ausweisung im summarischen Verfahren beantragen. Sind die Verhältnisse klar, muss der Ausweisungsrichter trotz hängigem Schlichtungsverfahren auf das Ausweisungsbegehren eintreten, wie dies bisher bereits der Fall war. Dies wird bei ausserordentlichen Kündigungen aufgrund von Zahlungsverzug (Art. 257d OR) in der Regel der Fall sein, ebenso bei ordentlichen Kündigungen, welche vom Mieter innert der 30-tägigen Frist (Art. 273 OR) nicht angefochten wurden bzw. kein Erstreckungsbegehren gestellt wurde. Bei den übrigen ausserordentlichen Kündigungen dagegen wird der Vermieter um ein Schlichtungsverfahren nicht mehr herumkommen, weil es im Falle der Kündigungsanfechtung regelmässig an den formellen Voraussetzungen für ein summarisches Verfahren fehlt.

Literatur zum Mietrecht

HIGI, Peter: Kommentar zu Art. 253-265 OR,
Zürcher Kommentar, Zürich 1994

HIGI, Peter: Kommentar zu Art. 266-268b OR,
Zürcher Kommentar, Zürich 1995

HIGI, Peter: Kommentar zu Art. 271-274g OR,
Zürcher Kommentar, Zürich 1996

LACHAT, David et. al: Das Mietrecht für die Praxis,
8. Auflage, Zürich 2009

MACHER, Peter/TRÜMPY, Peter:
Das Mietrecht für Mieter und Mieterinnen, Zürich 1998

OBERLE, Thomas: Nebenkosten – Heizkosten,
5. Auflage, Zürich 2012

SVIT-Kommentar, Schweizerisches Mietrecht,
3. Auflage, Zürich 2008